AROMAT CZESKIEJ KUCHNI

Odkryj smaki kuchni czeskiej dzięki wspaniałym i apetycznym przepisom z kuchni czeskiej: Przepis na danie narodowe Republiki Czeskiej

Nadia Sokołowska

Prawa autorskie ©2024

Wszelkie prawa zastrzeżone

Żadna część tej książki nie może być wykorzystywana ani rozpowszechniana w jakiejkolwiek formie i w jakikolwiek sposób bez odpowiedniej pisemnej zgody wydawcy i właściciela praw autorskich, z wyjątkiem krótkich cytatów użytych w recenzji. Niniejsza książka nie powinna być traktowana jako substytut porady lekarskiej, prawnej lub innej porady zawodowej.

SPIS TREŚCI

SPIS TREŚCI 3
WSTĘP 6
ŚNIADANIE 7
   1. Jajecznica z cukinią i kurkami 8
   2. Chlebíčky (kanapki z otwartą twarzą) 10
   3. Palačinky (czeskie naleśniki) 12
   4. Ovocné Knedlíky (Pierogi Owocowe) 14
   5. Omeleta s Houbovým Nádivkem (omlet z grzybami) 16
   6. Tvarohové Nákypy (zapiekanka z twarogu) 18
   7. Šunková Pomazánka (Pasta Szynkowa) 20
   8. Český Musli (czeskie musli) 22
   9. Czeskie placki ziemniaczane 24
PRZYSTAWKI I PRZEKĄSKI 26
   10. Koláčky (ciasta z owocami) 27
   11. Utopenec (Kiełbasa Marynowana) 29
   12. Bramboráky (placki ziemniaczane) 31
   13. Ogórki z cukinii 33
   14. Szybki ogórek kiszony 35
   15. Czeskie marynowane grzyby 37
   16. Pasta Twarożkowa Z Chrzanem 39
   17. Tradycyjne czeskie pączki 41
   18. Czeska pizza 44
   19. Ukąszenia Pierogów 46
   20. Ogórki w kremie kokosowym 48
   21. Miska z kaszy gryczanej z grzybami 50
   22. Wolno pieczone pory 53
   23. Bialis wędzony z cebulą i makiem 55
   24. Paczki kokosowe 58
   25. Sznycel z kalarepy 60
   26. Czeskie nalśniki z drożdżami 62
DANIE GŁÓWNE 64
   27. Marynowana Wołowina Z Sosem Śmietanowym 65
   28. Wieprzowina Z Kluskami I Kapustą Kiszoną 67
   29. Sos Pomidorowy Z Kurczakiem 69
   30. Smažený Sýr (Ser Smażony) 71
   31. Pierogi Z Kapustą I Wędzonym Mięsem 73
   32. Hovězí Guláš (gulasz wołowy) 75
   33. Svíčková na Houbách (polędwica z grzybami) ...77
   34. Pieczona Kaczka Z Sosem Kwaśnym 79
   35. Bramborový Guláš (gulasz ziemniaczany) 81
   36. Szpinak Z Kluskami Ziemniaczanymi 83

37. Utopenci (Kiełbasy Marynowane) 85
38. Sos Pieczarkowy z Makaronem 87
39. Bigos wegetariański 89
40. Kluski śląskie 91
41. ryżowe z jabłkami 93
42. Czeski Makaron i Pierogi 95
43. Makaron acaroni z truskawkami 97
44. Czeskie gołąbki 99
45. Czeskie Knedle ze Śliwkami 101

ZUPY 103

46. Tarator (zupa ogórkowa) 104
47. Zupa ziemniaczana 106
48. Czeski gulasz (Skvělý Hovězí Guláš) 108
49. Zupa Ogórkowa 110
50. Barszcz 112
51. Truskawkowa / Jagodowa 114
52. Kapuśniak 116
53. Zupa warzywna 118
54. Zupa pomidorowa 120
55. Zupa kiszona 122
56. Żurek żytni 124
57. Schłodzona zupa z buraków 126
58. Zupa owocowa 128
59. Zupa ziemniaczana 130
60. Zupa cytrynowa 132
61. Czeska Zupa Kalarepa 134
62. zupa szparagowa 136

SAŁATKI I DODATKI 138

63. Bramborový Salat (sałatka ziemniaczana) 139
64. Sałatka Pomidorowa z Mozzarellą 141
65. Okurkový Salat (Sałatka Ogórkowa) 143
66. Houbový Salat (sałatka grzybowa) 145
67. Knedlíky (czeskie knedle) 147
68. Zelí (czeska kiszona kapusta) 149
69. Karp z Sałatką Ziemniaczaną 151
70. Špenátová Kase (Krem Szpinakowy) 153
71. Sałatka z buraków (ćwikła) 155
72. B kiszona czerwona kapusta z malinami 157
73. Sałatka z selera i pomarańczy 159
74. Sałatka warzywna 161
75. Słodko-kwaśna czerwona kapusta 163

DESERY 165

76. Jablečný Závin (strudel jabłkowy) 166

77. Ciasto drożdżowe dyniowe 168
78. Wafle 170
79. Wakacyjna szarlotka 172
80. Piernikowe ciasteczka ziemniaczane 174
81. Gulasz śliwkowy 176
82. Marmolada 178
83. Czeski Kisiel 180
84. Czeski budyń waniliowy z kremem 182
85. Czeska ryza C F udge 184
86. Czech Migdały w czekoladowych śliwkach _ 186

NAPOJE 188

87. Czeski poncz świąteczny 189
88. Likier wiśniowy 191
89. Grzana wódka 193
90. Fioletowy likier śliwkowy 195
91. Piwo Jałowcowe 197
92. Lemoniada rabarbarowa 199
93. Gorący Miód 201
94. Czeska kawa 203
95. Chłodnik z cytryną i ogórkiem 205
96. Czeska gorąca czekolada 207
97. wiśnia martini 209
98. Kuropatwa W Gruszy 211
99. Czeski syrop truskawkowy 213
100. Czeska wódka ananasowa 215

WNIOSEK 217

WSTĘP

Witamy w „Aromacie kuchni czeskiej", zmysłowej podróży przez 100 aromatów kuchni czeskiej, które definiują bogaty i aromatyczny świat czeskiej kuchni. Ta książka jest celebracją aromatycznych i pocieszających tradycji, które ukształtowały czeską kuchnię, zapraszając Cię do odkrywania zapachów, smaków i dziedzictwa kulinarnego regionu. Dołącz do nas, gdy zanurzymy się w rozgrzewających serca aromatach emanujących z czeskich kuchni, tworząc symfonię zachwycających zapachów, które oddają istotę czeskiej kuchni.

Wyobraź sobie kuchnię wypełnioną kuszącymi zapachami pikantnych gulaszy, świeżo upieczonych ciast i pożywnych klusek. „Aromat Czeskiej Kuchni" to coś więcej niż tylko zbiór przepisów; to podróż w kulturowy i kulinarny gobelin czeskiej kuchni, gdzie każdy aromat opowiada historię tradycji, ciepła i radości gromadzenia się przy stole. Niezależnie od tego, czy masz czeskie korzenie, czy po prostu pociągają Cię smaki kuchni środkowoeuropejskiej, te przepisy zostały opracowane tak, aby zainspirować Cię do odtworzenia autentycznych aromatów, które sprawiają, że czeska kuchnia jest tak wyjątkowa.

Od klasycznego gulaszu po słodkie drożdżówki – każdy aromat jest celebracją różnorodnych i orzeźwiających smaków, które definiują czeską kuchnię. Niezależnie od tego, czy planujesz rodzinny obiad, czy też odkrywasz rozkosze czeskich wypieków, ta książka to Twoje źródło wiedzy, po którym możesz poznać pełne spektrum czeskich aromatów.

Dołącz do nas i wyruszamy w aromatyczną podróż przez „Aromat czeskiej kuchni", gdzie każde danie jest świadectwem zapachów i smaków, które definiują podnoszące na duchu tradycje czeskiej kuchni. Załóż więc fartuch, rozkoszuj się zachęcającymi aromatami i zanurz się w zachwycających zapachach, które sprawiają, że czeska kuchnia jest prawdziwie zmysłowym przeżyciem.

ŚNIADANIE

1. Jajecznica z cukinią i kurkami

SKŁADNIKI:
- 4 jajka
- 1/2 cukinii, pokroić w cienkie plasterki
- duża garść kurek, duża przekrojona na pół
- 50 gramów kiełbasy pokrojonej w cienkie plasterki
- 1 mała cebula, drobno pokrojona
- 50 g startej mozzarelli
- 1 łyżka masła
- 1/3 szklanki mleka lub śmietanki
- pieprz, sól

INSTRUKCJE:

a) W średniej misce ubij jajka z mlekiem lub śmietaną.

b) Na średnią patelnię, na średnim ogniu, włóż masło, dodaj kiełbasę, cebulę i smaż przez 2-3 minuty. Następnie dodajemy cukinię z grzybami i smażymy aż zmiękną.

c) Zmniejsz ogień do małego, dodaj masę jajeczną, smaż, aż jajecznica będzie taka, jaką lubisz, a następnie dodaj mozzarellę.

d) Dopraw solą i pieprzem i podawaj z grzankami.

2.Chlebíčky (kanapki z otwartą twarzą)

SKŁADNIKI:
- Pokrojony chleb
- Masło
- Szynka lub salami
- Ser
- Jajka na twardo
- Świeże warzywa (np. pomidory, ogórki)
- majonez
- Musztarda
- Świeża natka pietruszki (do dekoracji)

INSTRUKCJE:
a) Na pokrojony chleb posmaruj masłem.
b) Ułóż warstwami szynkę lub salami, ser i plasterki jajek na twardo.
c) Dodaj na wierzch świeże warzywa.
d) Skropić majonezem i musztardą.
e) Udekoruj świeżą natką pietruszki.

3. Palačinky (czeskie naleśniki)

SKŁADNIKI:
- 2 filiżanki mąki uniwersalnej
- 2 szklanki mleka
- 2 duże jajka
- 2 łyżki cukru
- 1/2 łyżeczki soli
- Masło (do wysmarowania patelni)

INSTRUKCJE:
a) W misce wymieszaj mąkę, mleko, jajka, cukier i sól, aż masa będzie gładka.
b) Rozgrzej patelnię i posmaruj masłem.
c) Na patelnię wlewaj chochelką ciasto, obracając tak, aby pokryło dno.
d) Smaż, aż krawędzie się podniosą, następnie przewróć i smaż drugą stronę.
e) Powtarzaj, aż ciasto się skończy.

4.Ovocné Knedlíky (Pierogi Owocowe)

SKŁADNIKI:
- 2 szklanki puree ziemniaczanego
- 2 filiżanki mąki uniwersalnej
- 2 duże jajka
- Sól
- Różne owoce (śliwki, truskawki)
- Masło
- Cukier puder

INSTRUKCJE:
a) Z puree ziemniaczanego, mąki, jajek i szczypty soli wyrobić ciasto.
b) Ciasto podzielić na porcje i każdą spłaszczyć.
c) Połóż kawałek owocu na środku i zawiń wokół niego ciasto.
d) Gotować w osolonej wodzie, aż knedle wypłyną.
e) Odcedzić, posmarować masłem i posypać cukrem pudrem.

5.Omeleta s Houbovým Nádivkem (omlet z grzybami)

SKŁADNIKI:
- 3 jajka
- 1/2 szklanki grzybów, pokrojonych w plasterki
- 1/4 szklanki cebuli, drobno posiekanej
- 1/4 szklanki papryki pokrojonej w kostkę
- Sól i pieprz do smaku
- Masło lub olej do smażenia

INSTRUKCJE:
a) Podsmaż pieczarki, cebulę i paprykę na maśle, aż zmiękną.
b) Jajka roztrzepać i polać warzywa na patelni.
c) Smaż, aż brzegi się zetną, a następnie złóż omlet na pół.
d) Doprawić solą i pieprzem.

6.Tvarohové Nákypy (zapiekanka z twarogu)

SKŁADNIKI:
- 2 szklanki twarogu
- 3 jajka
- 1/2 szklanki cukru
- 1/4 szklanki semoliny
- 1/4 szklanki rodzynek
- 1 łyżeczka ekstraktu waniliowego
- Masło (do wysmarowania)

INSTRUKCJE:
a) Rozgrzej piekarnik do 175°C i posmaruj naczynie do pieczenia masłem.
b) W misce wymieszaj twarożek, jajka, cukier, semolinę, rodzynki i ekstrakt waniliowy.
c) Wlać mieszaninę do naczynia do pieczenia i piec, aż ciasto się zetnie i będzie złociste.

7.Šunková Pomazánka (Pasta Szynkowa)

SKŁADNIKI:
- 1 szklanka gotowanej szynki, drobno posiekanej
- 1/2 szklanki serka śmietankowego
- 2 łyżki majonezu
- 1 łyżka musztardy Dijon
- Szczypiorek, posiekany
- Sól i pieprz do smaku

INSTRUKCJE:

a) W misce wymieszaj posiekaną szynkę, serek śmietankowy, majonez, musztardę Dijon i szczypiorek.
b) Mieszaj, aż dobrze się połączą.
c) Dopraw solą i pieprzem do smaku.
d) Posmarować chlebem lub krakersami.

8.Český Musli (czeskie musli)

SKŁADNIKI:
- 1 szklanka płatków owsianych
- 1 szklanka jogurtu
- 1/2 szklanki mleka
- 1 łyżka miodu
- Świeże owoce (jagody, plasterki banana)
- Orzechy i nasiona (opcjonalnie)

INSTRUKCJE:
a) W misce wymieszaj płatki owsiane, jogurt, mleko i miód.
b) Pozostawić w lodówce na noc lub na co najmniej 30 minut.
c) Przed podaniem udekoruj świeżymi owocami i opcjonalnie orzechami i nasionami.

9. Czeskie placki ziemniaczane

SKŁADNIKI:
- 2 duże, rdzawe ziemniaki, surowe
- 1/4 szklanki cebuli
- 1 łyżka mąki
- 1/2 łyżeczki soli
- pieprz do smaku
- 3 łyżki oleju, podzielone, do smażenia

INSTRUKCJE:

a) W robocie kuchennym połącz obrane i posiekane ziemniaki oraz cebulę. Przetwarzaj przez 30 sekund lub do momentu, aż grudki nie będą już widoczne.

b) Odcedź przez 5 minut lub dłużej na sitku o drobnych oczkach ustawionym nad miską.

c) Ostrożnie usuń odsączony płyn, ale zachowaj białą skrobię, która zgromadziła się na dnie.

d) Do skrobi dodać odsączoną mieszaninę ziemniaków i cebuli, mąkę, sól i pieprz.

e) Rozgrzej 1/2 łyżeczki oleju na żeliwnej patelni na średnim ogniu. Napełnij patelnię kopczykami o wielkości 1/4 szklanki, spłaszczając każdy z nich do jednakowej grubości.

f) Smaż przez około 3 minuty z każdej strony, w razie potrzeby dodając 1/2 łyżeczki oleju. Jeśli nie masz żeliwa, ugotuj je na średnim ogniu, co zajmie trochę więcej czasu.

PRZYSTAWKI I PRZEKĄSKI

10. Koláčky (ciasta z owocami)

SKŁADNIKI:
- Arkusze ciasta francuskiego
- Dżemy lub konfitury owocowe (morela, śliwka, malina)
- Cukier puder do posypania

INSTRUKCJE:
a) Rozwałkuj arkusze ciasta francuskiego i pokrój je w kwadraty.
b) Na środku każdego kwadratu umieść małą porcję dżemu owocowego.
c) Złóż ciasto na dżem, tworząc trójkąt lub prostokąt.
d) Dociśnij krawędzie, aby je zamknąć i piecz na złoty kolor.
e) Przed podaniem posypujemy cukrem pudrem.

11. Utopenec (Kiełbasa Marynowana)

SKŁADNIKI:
- Czeskie kiełbaski (utopenec)
- Ogórki konserwowe
- Cebula, cienko pokrojona
- Musztarda i chleb (opcjonalnie)

INSTRUKCJE:
a) Kiełbaski i ogórki kiszone pokroić na kawałki wielkości kęsa.
b) Wymieszaj z cienko pokrojoną cebulą.
c) Podawać jako przekąskę z wykałaczkami.
d) Opcjonalnie posmaruj chleb musztardą i posyp mieszanką.

12. Bramboráky (placki ziemniaczane)

SKŁADNIKI:
- 4 duże ziemniaki, starte
- 1 cebula, drobno posiekana
- 2 jajka
- 3 łyżki mąki uniwersalnej
- Sól i pieprz do smaku
- olej do smażenia

INSTRUKCJE:
a) Ziemniaki zetrzeć na tarce i odcisnąć nadmiar wilgoci.
b) Wymieszaj z posiekaną cebulą, jajkami, mąką, solą i pieprzem.
c) Na patelni rozgrzewamy olej i wrzucamy łyżką mieszankę.
d) Spłaszczamy i smażymy z obu stron na złoty kolor.
e) Podawać ze śmietaną lub musem jabłkowym.

13.Ogórki z cukinii

SKŁADNIKI:
- 3 kg cukinii (mieszanka żółtej i zielonej)
- 5 łyżek soli
- 500g cebuli
- 500 g marchewki, startej
- 1 kg czerwonej papryki, pokrojonej w kostkę
- 250 ml octu o podwójnej mocy (10%)
- 200 g cukru kryształu
- 1 łyżeczka jagód ziela angielskiego
- 1/2 łyżeczki mielonego chili
- 3 łyżeczki nasion gorczycy białej
- 1 łyżka ziaren czarnego pieprzu
- 1 łyżeczka nasion kolendry
- 6 liści laurowych
- olej roślinny

INSTRUKCJE:

a) Cukinie dokładnie myjemy, ale ich nie obieramy. Za pomocą obieraczki do warzyw posiekaj lub pokrój w długie, cienkie kawałki. Dodać do miski i doprawić 3 łyżkami soli. Wszystkie składniki wymieszać w misce i odstawić na 2-3 godziny.

b) Obierz i pokrój cebulę, a następnie umieść ją w osobnej misce wraz z pozostałą solą i dobrze wymieszaj. Pozostaw na 2 do 3 godzin na przygotowanie.

c) Odcedź płyn, który zebrał się w cukiniach i cebuli. W dużej misce wymieszaj cukinię, cebulę, startą marchewkę i pokrojoną paprykę.

d) W rondlu zagotuj ocet, następnie dodaj cukier i przyprawy (z wyjątkiem liścia laurowego). Gdy sos jest jeszcze gorący, polej nim warzywa. 3 godziny marynowania

e) a) Sterylizuj słoiki, przenosząc do nich warzywa i płyn. Słoiki zamykamy pokrywkami, do każdego dodajemy 1 liść laurowy i 1 łyżkę oleju.

f) W dużym garnku wyłożonym czystą ściereczką umieść słoiki i dodaj tyle gorącej wody, aby sięgała do 3/4 wysokości słoików.

g) Doprowadzić do wrzenia, następnie gotować przez 20 do 30 minut we wrzącej łaźni wodnej na patelni wyłożonej czystym ręcznikiem, tak aby gorąca woda sięgała do 3/4 wysokości słoików.

14. Szybki ogórek kiszony

SKŁADNIKI:
- 1/2 cebuli, drobno posiekanej
- 75 ml białego octu
- 100 g cukru pudru
- 3/4 łyżki soli
- 1 ogórek, umyty i pokrojony w cienkie plasterki

INSTRUKCJE:

a) Połącz posiekaną cebulę, ocet, cukier i sól w małej misce.

b) Przed podaniem przechowywać w lodówce co najmniej 30 minut, posypując pokrojonym w plasterki ogórkiem.

15. Czeskie marynowane grzyby

SKŁADNIKI:
- 1,5 kg małych grzybów
- 2 łyżeczki soli
- 250 ml 10% octu białego
- 750 ml wody
- 1 cebula, pokrojona w krążki
- 1 1/2 łyżeczki soli
- 3 do 4 łyżek cukru
- 10 ziaren czarnego pieprzu
- 3 jagody ziela angielskiego
- 1 liść laurowy

INSTRUKCJE:

a) Za pomocą suchej szmatki przytnij i oczyść grzyby. Gotuj przez 30 minut na małym ogniu po przełożeniu na patelnię z 2L wrzącej wody i 2 łyżkami soli.

b) W misce wymieszaj ocet i 750 ml wody. W dużej misce wymieszaj cebulę, 1 1/2 łyżeczki soli, cukier, ziarna pieprzu, ziele angielskie i liść laurowy. Doprowadzić do wrzenia, następnie zmniejszyć ogień na mały ogień na 5 minut.

c) Ugotowane grzyby po odcedzeniu umieść w wysterylizowanych małych słoiczkach. Zamknij szczelnie pokrywki i zalej gorącą solanką. Pozostawić do ostygnięcia przed włożeniem do lodówki na 3 do 4 tygodni przed podaniem.

16.Pasta Twarożkowa Z Chrzanem

SKŁADNIKI:
- 1 szklanka twarogu
- 2 łyżki startego chrzanu
- Sól i pieprz do smaku
- Posiekany świeży koperek
- Chleb lub krakersy do podania

INSTRUKCJE:
a) W misce wymieszaj twaróg i starty chrzan.
b) Dopraw solą i pieprzem do smaku.
c) Posypujemy posiekanym świeżym koperkiem na wierzchu.
d) Posmarować chlebem lub krakersami.

17. Tradycyjne czeskie pączki

SKŁADNIKI:
- 2 opakowania aktywnych suszonych drożdży (4 1/2 łyżeczki)
- 1 1/2 szklanki mleka roślinnego, ciepłego, około 110 F
- 1/2 szklanki granulowanego cukru
- 1/2 szklanki masła kokosowego w temperaturze pokojowej
- 1 łyżka brandy lub rumu
- 1 łyżeczka soli
- 4 1/2 do 5 szklanek mąki uniwersalnej
- 1 galon oleju roślinnego do głębokiego smażenia
- Około 1/2 szklanki cukru kryształu do obtoczenia g
- Około 1/2 szklanki cukru pudru do obtoczenia
- 1 szklanka dżemu lub pasty owocowej do nadzienia, opcjonalnie

INSTRUKCJE:
a) W małej misce rozpuść drożdże w ciepłym mleku roślinnym. Po wymieszaniu odstawić do rozpuszczenia.
b) Połącz cukier i masło kokosowe w dużej misce do miksowania lub mikserze stojącym wyposażonym w końcówkę łopatkową, aż uzyskasz pianę.
c) Ubij brandy lub rum, a także sól, aż dobrze się połączą.
d) Używając przystawki do wiosła, dodawaj na zmianę 4 1/2 szklanki mąki i roślinną mieszankę mleczno-drożdżową. Ubijaj maszynowo przez 5 minut lub dłużej, aż masa będzie gładka, lub ręcznie, dłużej.
e) W naoliwionej misce umieść ciasto. Odwróć patelnię, aby posmarować masłem drugą stronę.
f) Przykryj górę folią spożywczą i odstaw do wyrośnięcia na 1 do 2 1/2 godziny lub do momentu podwojenia objętości.
g) Posyp lekko mąką powierzchnię i rozwałkuj ciasto. Poklep lub rozwałkuj na grubość 1/2 cala. Aby uniknąć marnotrawstwa, użyj 3-calowej foremki do ciastek i wycinaj krążki blisko siebie.
h) Przed smażeniem przykryj blachę wilgotną ściereczką i odstaw placki do podwojenia masy, około 30 minut.
i) Rozgrzej olej na dużej patelni lub w holenderskim piekarniku do temperatury 150 stopni F. Umieść kilka rosnących pczek na oleju górą do dołu (suchą stroną) i smaż przez 2 do 3 minut lub do momentu, aż spód stanie się złotobrązowy.

j) Odwróć je i smaż przez kolejne 1–2 minuty lub do złotego koloru. Uważaj, aby olej nie nagrzał się zbyt mocno, aby nie zrumieniła się zewnętrzna część przed wykończeniem wnętrza. Sprawdź schłodzony, aby zobaczyć, czy jest w pełni ugotowany. Należy odpowiednio dostosować czas gotowania i temperaturę oleju.

k) Jeszcze ciepłe obtocz w granulowanym cukrze. Jeśli chcesz je wypełnić, zrób dziurę w boku pczki i za pomocą rękawa cukierniczego wyciśnij do niej dużą porcję wybranego nadzienia. Następnie nadziewane pczki posypać cukrem pudrem, cukrem pudrem lub polewą.

l) Pczki źle się przechowują, więc zjedz je od razu lub zamroź, jeśli chcesz uzyskać najlepszy smak. Cieszyć się.

18.Czeska pizza

SKŁADNIKI:

- 1 łyżeczka masła kokosowego
- ½ cebuli, pokrojonej w kostkę
- 1 (4 uncje) puszka pokrojonych w plasterki grzybów, odsączonych
- Sól i pieprz do smaku)
- ½ francuskiej bagietki przekrojonej wzdłuż na pół
- 1 szkl . sera
- Ketchup (do góry)

INSTRUKCJE:

a) Rozgrzej piekarnik do 400 stopni Fahrenheita.

b) Rozgrzej olej na dużej patelni z powłoką nieprzywierającą. Smaż cebulę i grzyby przez 5 minut lub do miękkości. Dopraw solą i pieprzem do smaku.

c) Na blasze do pieczenia ułóż połówki bagietki (lub kromki chleba). Na wierzch dodaj mieszankę grzybów i ser.

d) Piec przez 10 minut lub do momentu, aż ser będzie złotobrązowy i roztopiony.

e) Podawać z ketchupem na boku.

19.Ukąszenia Pierogów

SKŁADNIKI:
- 14 plastrów boczku przekrojonych na pół
- 12-uncjowe mini pierogi ziemniaczane, rozmrożone
- 1/4 szklanki jasnego brązowego cukru

INSTRUKCJE:

a) Rozgrzej piekarnik do 400°F. Używając sprayu kuchennego, pokryj obramowaną blachę do pieczenia.

b) Owiń boczek wokół środka każdego pierogi i ułóż na blasze do pieczenia. Brązowy cukier powinien być równomiernie rozłożony.

c) Piec przez 18 do 20 minut w temperaturze 350°F.

20.Ogórki w kremie kokosowym

SKŁADNIKI:
- 1 duży ogórek z nasionami lub bez, pokrojony w cienkie plasterki
- 1 cebula pokrojona w cienkie plasterki i podzielona na krążki
- 1/2 szklanki kremu kokosowego
- 1 łyżeczka cukru
- 2 łyżeczki białego octu (opcjonalnie)
- 1 łyżka posiekanego świeżego koperku
- sól i pieprz

INSTRUKCJE:
a) W misce wymieszaj śmietankę kokosową, ocet, cukier i pieprz.
b) Dodać ogórki i cebulę i wymieszać do połączenia.

21. Miska z kaszy gryczanej z grzybami

SKŁADNIKI:
- 2 cebule
- 1 marchewka
- 2 ząbki czosnku
- 45 g masła kokosowego
- 150 g pieczarek
- 150 g kaszy gryczanej
- 1 liść laurowy
- 1 kostka bulionu warzywnego
- Garść koperku, tylko liście
- Rakieta 50g
- 150 g jogurtu roślinnego
- Sól morska
- Świeżo zmielony pieprz
- 1 łyżeczka oliwy z oliwek
- 400 ml wrzącej wody

INSTRUKCJE:

a) Cebulę po obraniu pokroić w cienkie plasterki. Marchew należy obrać i drobno posiekać. Czosnek należy obrać i zetrzeć lub rozgnieść.

b) Na patelnię dodaj cebulę, masło kokosowe oraz odrobinę soli i pieprzu. Gotuj i mieszaj przez 5-8 minut lub do czasu, aż cebula będzie papkowata i nabierze głębokiego złotego koloru – zmniejsz ogień, jeśli brązowieje zbyt mocno lub zbyt szybko.

c) Dodaj marchewkę, czosnek i grzyby na patelnię i wymieszaj, aby połączyć. Gotuj przez 5 minut, od czasu do czasu mieszając, aż grzyby będą wilgotne.

d) Dodajemy kaszę gryczaną i liść laurowy, mieszamy do połączenia. W kostce bulionowej rozdrobnić. Do garnka wlej 400 ml wrzącej wody.

e) Gotuj na wolnym ogniu przez 12-15 minut lub do momentu, aż woda odparuje, a kasza gryczana będzie miękka, ale nadal twarda.

f) Z gałązek koperku odrywamy miękkie listki i grubo je siekamy, podczas gdy kasza gryczana się gotuje. Rukolę pokroić na małe kawałki.

g) Smakujemy kaszę gryczaną i doprawiamy według uznania odrobiną soli lub pieprzu. Wrzuć widelcem większość koperku i rukoli. Podgrzane miski napełnij do połowy kaszą gryczaną.

h) Udekoruj łyżkami jogurtu roślinnego oraz pozostałą rukolą i koperkiem.

22. Wolno pieczone pory

SKŁADNIKI:
- 4 pory
- ¼ szklanki oliwy z oliwek
- 1 łyżka soli morskiej

INSTRUKCJE:

a) W dużej misce wymieszaj pory z oliwą z oliwek i solą, aż będą dobrze pokryte. Pory ułożyć przekrojoną stroną do dołu na przygotowanej blasze do pieczenia.

b) Ostrożnie owiń blachę do pieczenia folią – nie musi być całkowicie szczelna, ale powinna być jak najściślej przylegająca. Włóż blachę do pieczenia z powrotem do piekarnika i obniż temperaturę do 300 stopni.

c) Piec przez 15 do 30 minut lub do momentu, aż pory będą miękkie. Wyjmij blachę z piekarnika i odwróć pory. Wróć do piekarnika, podnieś temperaturę do 400°F i piecz przez 15-20 minut lub do momentu, aż będą chrupiące i złocistobrązowe.

23. Bialis wędzony z cebulą i makiem

SKŁADNIKI:
- cebula 1 duża, obrana i pokrojona w grube plasterki
- aktywne suszone drożdże 1 łyżeczka
- mąka chlebowa biała mocna 300g
- mąka zwykła 175g plus więcej do podsypania
- sól morska 1 ½ łyżeczki
- mąka zwykła 50g
- aktywne suszone drożdże ½ łyżeczki
- oliwa z oliwek 1 łyżka
- wędzona sól morska ¼ łyżeczki
- słodka wędzona papryka ¼ łyżeczki
- mak 1 łyżeczka, plus szczypta do posypania
- nasiona sezamu kilka szczypt

INSTRUKCJE:

a) W naczyniu miksującym wymieszaj mąkę i drożdże z 50 ml ciepłej wody, przykryj folią spożywczą i odstaw na noc.

b) Ciasto zaczynamy następnego dnia od umieszczenia cebuli w małym rondelku i zalaniu 150 ml wody. Podgrzej wodę, aż zacznie wrzeć, a następnie zdejmij ją z ognia.

c) Wyjąć z piekarnika i odstawić do ostygnięcia do temperatury pokojowej. Wlej wodę do miarki i upewnij się, że ma 150 ml; jeśli nie, dodaj więcej. Cebulę odłóż na później.

d) W międzyczasie w misce wymieszaj drożdże ze 100 ml ciepłej wody i odstaw na 10-15 minut lub do momentu, aż zaczną się pienić.

e) Wlać mąkę do miksera wyposażonego w końcówkę do wyrabiania ciasta, a gdy drożdże się spienią, dodać starter typu Poolish i wodę cebulową.

f) Rozpocznij mieszanie na niskiej prędkości, aby połączyć ciasto, następnie zwiększ prędkość do średniej i ugniataj ciasto przez 5 minut.

g) Po dodaniu soli ugniataj przez kolejną minutę.

h) wyrabiać rękami przez 10-15 minut na lekko posypanym mąką blacie). Pozostaw ciasto do podwojenia objętości w ciepłym pomieszczeniu na maksymalnie 2 godziny, owinięte w naoliwioną folię spożywczą.

i) Uderz kilka razy ciasto, aby je ubić, a następnie pokrój na 8 równych części.
j) Rozwałkuj ciasto na płaskie koła, robiąc w środku dziury, aby zrobić zagłębienie do nadzienia, i połóż na posypanej mąką blasze.
k) Gdy wszystkie kształty będą już gotowe, luźno przykryj folią spożywczą lub wilgotną ściereczką. Pozostaw na kolejne 20 minut do wyrośnięcia, aż ciasto będzie puszyste i okrągłe.
l) Nadzienie przygotowujemy w czasie wyrastania ciasta. Blanszowaną cebulę drobno siekamy i wrzucamy na małą patelnię z oliwą. Smażymy, aż się rozpuści i będzie złociste, następnie dodajemy wędzoną sól morską i paprykę, cały czas mieszając. Gotuj jeszcze kilka minut, następnie dodaj mak i szczyptę czarnego pieprzu. Fajny
m) Rozgrzej piekarnik do 220 stopni Celsjusza/wentylacja 200 stopni Celsjusza/gaz 7. Gdy bialys będą gotowe do pieczenia, na środek każdego z nich włóż około 1 łyżkę cebuli, posyp makiem i sezamem.
n) Na wierzchu białych serników połóż odwróconą głęboką formę i połóż na niej żaroodporny ciężarek – duże naczynie do pieczenia lub nawet blok.
o) Piecz przez 15 minut, następnie wyjmij formę i kontynuuj pieczenie przez kolejne 5-8 minut, aż bialys będą delikatnie złociste.

24. Paczki kokosowe

SKŁADNIKI:
- 1 1/3 szklanki mleka roślinnego na bazie kokosa
- 1/3 szklanki cukru
- 2 czubate łyżeczki drożdży
- 1/2 łyżeczki soli
- 1 łyżeczka wanilii
- Kilka koktajli gałki muszkatołowej i kardamonu (opcjonalnie)
- 2 3/4 szklanki mąki uniwersalnej

INSTRUKCJE:
a) W dużej misce wymieszaj wszystkie składniki oprócz mąki.
b) Zagniataj ciasto tylko na tyle, aby je połączyć.
c) Przykryj miskę folią i odstaw do wyrośnięcia na 2 godziny lub do podwojenia objętości.
d) wyłóż ciasto na posypaną mąką stolnicę. Po rozwałkowaniu pokroić w krążki na grubość 1/2 cala.
e) Pączki układamy na wyłożonej pergaminem blaszce posypanej mąką. Przykryć folią spożywczą i odstawić na kolejną godzinę do wyrośnięcia.
f) We frytkownicy rozgrzej trochę oleju roślinnego.
g) Smaż przez 2-3 minuty z każdej strony, następnie odsącz na ręcznikach papierowych do ostygnięcia przed napełnieniem.
h) Używając rękawa cukierniczego i końcówki do wyciskania, napełnij je dżemem lub kremem i obtocz w cukrze pudrze lub granulowanym. Cieszyć się!

25. Sznycel z kalarepy

SKŁADNIKI:
- 1 duża kalarepa
- olej do smażenia
- 1/4 szklanki mąki uniwersalnej (można dodać do niej mąkę besan lub sojową)
- 1/2 szklanki wody
- 1/2 łyżeczki papryki w proszku
- 1/2 łyżeczki soli

PANERKA
- 1/3 szklanki bułki tartej
- 1/2 łyżeczki soli
- 1/2 łyżeczki papryki w proszku
- 1 łyżeczka zmielonych pestek dyni (opcjonalnie)
- 1 łyżeczka nasion sezamu (opcjonalnie)

INSTRUKCJE:
a) Umyj kalarepę i usuń pozostałe liście. Kalarepę należy pokroić na 4-6 plasterków (o grubości około 1/3 cala). Za pomocą obieraczki do warzyw usuń zewnętrzną warstwę.
b) W dużym garnku zagotuj wodę i dodaj plasterki kalarepy. Pozostaw na 10 minut gotowania. W środku powinny zacząć robić się półprzezroczyste. Następnie odsącz je, osusz papierowymi ręcznikami i odstaw do ostygnięcia.
c) Połącz składniki panierki w osobnej misce.
d) Plasterki kalarepy obtocz w panierce, gdy ostygną na tyle, że można je z nimi mieszać.
e) Rozgrzej olej do smażenia na dużej patelni (tak, aby przykrył dno) i dodaj panierowany sznycel z kalarepy. Smaż przez około 5 minut z każdej strony na średnim ogniu. Z obu stron powinny być złociste i chrupiące.
f) Po usmażeniu układamy je na papierowym ręczniku, aby wchłonął nadmiar oleju i gotowe!

26. Czeskie naleśniki z drożdżami

SKŁADNIKI:
- 225 g mąki uniwersalnej
- 240 ml ciepłego mleka roślinnego
- 1⅛ łyżeczki drożdży szybkiego działania ok. 4 gr
- 1 łyżka cukru
- Szczypta soli
- 5 łyżek oleju roślinnego
- na kompot
- 1,5 szklanki świeżych lub mrożonych jagód
- 1 łyżka syropu klonowego
- ¼ łyżeczki pasty lub ekstraktu z ziaren wanilii

INSTRUKCJE:
a) Rozgrzej piekarnik do najniższej możliwej wartości.
b) W dużej misce wymieszaj drożdże i cukier z ciepłym mlekiem roślinnym przez około 30 sekund.
c) Wsyp mąkę, dodaj szczyptę soli i mieszaj przez 2-3 minuty. Przykryj miskę ściereczką i wstaw na środek piekarnika na 50-60 minut, aż podwoi swoją objętość.
d) Na dużej patelni rozgrzej 1-2 łyżeczki oleju, następnie zmniejsz ogień i wrzucaj na patelnię łyżki ciasta (bez nadmiernego zapełnienia). Ciasto będzie lepkie.
e) Smaż naleśniki przez około 2 1/2 minuty z każdej strony na małym ogniu. Podawaj od razu.
f) Aby przygotować kompot owocowy, połącz owoce, syrop klonowy i wanilię w rondlu i gotuj przez 5 minut na średnim ogniu lub do momentu, aż owoce zmiękną i zaczną puszczać sok.

DANIE GŁÓWNE

27. Marynowana Wołowina Z Sosem Śmietanowym

SKŁADNIKI:
- 2 funty polędwicy wołowej
- 2 cebule, posiekane
- 2 marchewki, posiekane
- 2 łodygi selera, posiekane
- 2 szklanki bulionu wołowego
- 1 szklanka gęstej śmietanki
- 1/2 szklanki białego octu winnego
- 1/4 szklanki oleju roślinnego
- 3 łyżki mąki uniwersalnej
- 2 łyżki musztardy dijon
- Sól i pieprz do smaku
- 1 liść laurowy
- 5 całych jagód ziela angielskiego

INSTRUKCJE:

a) Marynuj wołowinę w mieszance cebuli, marchwi, selera, octu, oleju, soli i pieprzu przez kilka godzin.

b) Wyjmij wołowinę z marynaty, smaż, aż się zrumieni.

c) Przełożyć do garnka, dodać marynatę, bulion wołowy, liść laurowy i ziele angielskie.

d) Dusić, aż mięso będzie miękkie.

e) Wyjmij mięso, odcedź bulion, dodaj śmietanę, mąkę i musztardę.

f) Gotuj, aż sos zgęstnieje. Wołowinę pokroić i podawać z sosem.

28. Wieprzowina Z Kluskami I Kapustą Kiszoną

SKŁADNIKI:
- 2 funty łopatki wieprzowej, pokrojonej w plasterki
- 1 cebula, posiekana
- 2 ząbki czosnku, posiekane
- 1 łyżeczka nasion kminku
- Sól i pieprz do smaku
- 4 szklanki kiszonej kapusty
- 1 łyżka oleju roślinnego
- Pierogi (kupne lub domowe)

INSTRUKCJE:
a) Mięso wieprzowe dopraw solą, pieprzem i kminkiem.
b) Smaż wieprzowinę na oleju, aż się zrumieni.
c) Dodać cebulę i czosnek, smażyć aż zmiękną.
d) Dodać kapustę kiszoną, przykryć i dusić, aż wieprzowina będzie ugotowana.
e) Przygotować pierogi według opakowania lub przepisu.
f) Podawaj wieprzowinę na kluskach z kiszoną kapustą.

29.Sos Pomidorowy Z Kurczakiem

SKŁADNIKI:
- 4 piersi z kurczaka
- 2 łyżki oleju roślinnego
- 1 cebula, posiekana
- 2 ząbki czosnku, posiekane
- 2 szklanki przecieru pomidorowego
- 1 szklanka bulionu z kurczaka
- 1 łyżeczka cukru
- 1 łyżeczka suszonego majeranku
- Sól i pieprz do smaku
- 1/2 szklanki gęstej śmietanki (opcjonalnie)

INSTRUKCJE:
a) Kurczaka doprawiamy solą i pieprzem.
b) Kurczaka obsmaż na oleju do zarumienienia, zdejmij z patelni.
c) Podsmaż cebulę i czosnek, aż będą miękkie.
d) Dodać przecier pomidorowy, bulion z kurczaka, cukier i majeranek.
e) Włóż kurczaka z powrotem na patelnię i gotuj, aż będzie ugotowany.
f) W razie potrzeby dopraw śmietaną. Podawać z ryżem lub makaronem.

30.Smažený Sýr (Ser Smażony)

SKŁADNIKI:
- 4 plastry sera Edam lub Gouda
- 1 szklanka bułki tartej
- 2 jajka, ubite
- Mąka do pogłębiania
- Olej roślinny do smażenia
- Sos tatarski do podania

INSTRUKCJE:
a) Obtaczaj plasterki sera w mące.
b) Maczać w roztrzepanych jajkach i panierować w bułce tartej.
c) Na patelni rozgrzewamy olej i smażymy ser na złoty kolor.
d) Podawać z sosem tatarskim i dekorować cytryną.

31. Pierogi Z Kapustą I Wędzonym Mięsem

SKŁADNIKI:

- 4 szklanki mącznych ziemniaków, obranych i startych
- 2 szklanki mąki
- 2 jajka
- Sól
- 1 mała główka kapusty, posiekana
- 1 funt wędzonego mięsa (np. wędzonej wieprzowiny)
- Masło do podania

INSTRUKCJE:

a) Ziemniaki starte, mąkę, jajka i szczyptę soli wymieszać i wyrobić ciasto na kluski.

b) Formuj kluski i gotuj, aż wypłyną.

c) Podsmaż poszatkowaną kapustę do miękkości.

d) Wędzone mięso pokroić w plasterki i podawać z knedlami i kapustą.

e) Posmaruj roztopionym masłem.

32. Hovězí Guláš (gulasz wołowy)

SKŁADNIKI:
- 2 funty gulaszu wołowego, pokrojonego w kostkę
- 2 cebule, drobno posiekane
- 3 ząbki czosnku, posiekane
- 2 łyżki słodkiej papryki
- 1 łyżeczka nasion kminku
- 2 łyżki koncentratu pomidorowego
- 2 szklanki bulionu wołowego
- Sól i pieprz do smaku
- Olej do gotowania

INSTRUKCJE:
a) Smaż kostki wołowe na oleju, aż się zarumienią.
b) Dodać cebulę i czosnek, smażyć aż zmiękną.
c) Wymieszaj paprykę, kminek i koncentrat pomidorowy.
d) Zalać bulionem wołowym, doprawić solą i pieprzem.
e) Gotuj, aż wołowina będzie miękka, a sos zgęstnieje.

33. Svíčková na Houbách (polędwica z grzybami)

SKŁADNIKI:
- 2 funty polędwicy wołowej
- 1 cebula, drobno posiekana
- 2 ząbki czosnku, posiekane
- 1 szklanka grzybów, pokrojona w plasterki
- 1 szklanka bulionu wołowego
- 1 szklanka gęstej śmietanki
- 2 łyżki oleju roślinnego
- 2 łyżki mąki
- Sól i pieprz do smaku

INSTRUKCJE:

a) Wołowinę obsmaż na oleju do zarumienienia, zdejmij z patelni.

b) Podsmaż cebulę, czosnek i grzyby, aż będą miękkie.

c) Dosypujemy mąkę i stopniowo dodajemy bulion wołowy oraz śmietanę.

d) Wołowinę włóż z powrotem na patelnię i gotuj, aż będzie ugotowana.

e) Doprawić solą i pieprzem.

34. Pieczona Kaczka Z Sosem Kwaśnym

SKŁADNIKI:

- 1 cała kaczka, oczyszczona i osuszona
- Sól i pieprz do smaku
- 1 cebula, pokrojona w ćwiartki
- 2 jabłka, wydrążone i pokrojone w plasterki
- 1 szklanka bulionu z kurczaka lub warzyw
- 1 szklanka kwaśnej śmietany
- 2 łyżki mąki
- 2 łyżki cukru

INSTRUKCJE:

a) Kaczkę dopraw solą i pieprzem.
b) Nafaszeruj kaczkę ćwiartkami cebuli i plasterkami jabłka.
c) Kaczkę pieczemy w piekarniku na złoty kolor i gotujemy.
d) W rondlu wymieszaj mąkę z cukrem, dodaj bulion i śmietanę.
e) Gotuj, aż sos zgęstnieje, podawaj z pieczoną kaczką.

35. Bramborový Guláš (gulasz ziemniaczany)

SKŁADNIKI:
- 4 duże ziemniaki, obrane i pokrojone w kostkę
- 1 cebula, drobno posiekana
- 2 ząbki czosnku, posiekane
- 2 łyżki słodkiej papryki
- 1 łyżeczka nasion kminku
- 1 szklanka bulionu warzywnego lub wołowego
- 2 łyżki koncentratu pomidorowego
- 2 łyżki oleju roślinnego
- Sól i pieprz do smaku
- Świeża natka pietruszki do dekoracji

INSTRUKCJE:

a) W garnku podsmaż cebulę i czosnek na oleju roślinnym, aż zmiękną.

b) Dodać pokrojone w kostkę ziemniaki, paprykę i kminek. Gotuj przez kilka minut.

c) Dodajemy koncentrat pomidorowy i zalewamy bulionem.

d) Gotuj, aż ziemniaki będą miękkie. Doprawić solą i pieprzem.

e) Przed podaniem udekoruj świeżą natką pietruszki.

36. Szpinak Z Kluskami Ziemniaczanymi

SKŁADNIKI:
- 1 funt świeżego szpinaku, umytego i posiekanego
- 4 duże ziemniaki, ugotowane i zmiksowane
- 1 szklanka mąki
- 2 jajka
- Sól i pieprz do smaku
- Masło do podania

INSTRUKCJE:

a) Z puree ziemniaczanego, mąki, jajek, soli i pieprzu wyrobić ciasto na kluski.

b) Uformuj kluski i gotuj, aż wypłyną.

c) Podsmaż posiekany szpinak na maśle, aż zwiędnie.

d) Podawaj szpinak na kluskach ziemniaczanych. W razie potrzeby dodaj więcej masła.

37. Utopenci (Kiełbasy Marynowane)

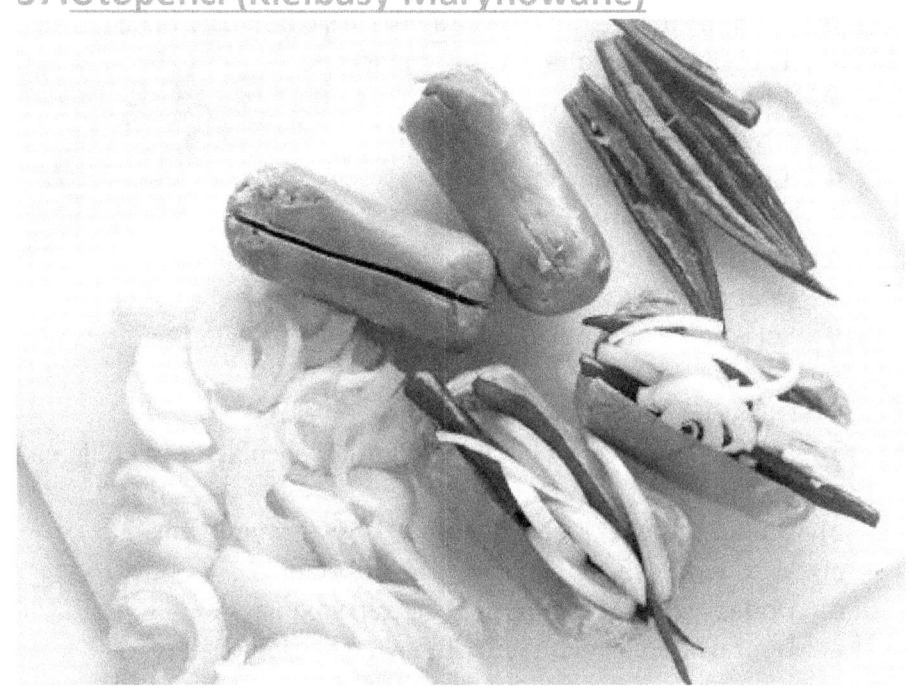

SKŁADNIKI:
- 1 funt kiełbasek (dobrze sprawdzają się odmiany takie jak Klobása)
- 1 cebula, pokrojona w cienkie plasterki
- 1 łyżka oleju
- 1 łyżka papryki
- 1 łyżeczka nasion kminku
- 1 łyżeczka cukru
- 1 szklanka wody
- Ocet do smaku
- Sól i pieprz do smaku

INSTRUKCJE:

a) Na patelni podsmaż na oleju pokrojoną w plasterki cebulę na złoty kolor.

b) Dodać paprykę, kminek i cukier. Dobrze wymieszaj.

c) Wlać wodę i ocet. Doprowadzić do wrzenia.

d) Dodać kiełbaski i smażyć, aż się zarumienią.

e) Doprawić solą i pieprzem. Podawać na ciepło.

38.Sos Pieczarkowy Z Makaronem

SKŁADNIKI:
- 2 szklanki grzybów pokrojonych w plasterki
- 1 cebula, drobno posiekana
- 2 ząbki czosnku, posiekane
- 1 szklanka bulionu warzywnego lub drobiowego
- 1 szklanka gęstej śmietanki
- 2 łyżki masła
- 2 łyżki mąki
- Sól i pieprz do smaku
- Świeża natka pietruszki do dekoracji
- Ugotowany makaron

INSTRUKCJE:
a) Na patelni na maśle podsmaż cebulę i czosnek, aż zmiękną.
b) Dodaj pokrojone w plasterki grzyby i smaż, aż puszczą wilgoć.
c) Pieczarki posypać mąką, dobrze wymieszać.
d) Dolewamy bulion i śmietanę, cały czas mieszając, aż sos zgęstnieje.
e) Doprawić solą i pieprzem. Podawać z ugotowanym makaronem, udekorowanym świeżą natką pietruszki.

39. Bigos wegetariański

SKŁADNIKI:
- 1 szkl. suszonych grzybów
- 2 średnie cebule, posiekane
- 2 łyżki oleju
- 250 g świeżych pieczarek
- 1/2 łyżeczki soli
- 1/4 - 1/2 łyżeczki mielonego pieprzu
- 5 - 6 ziaren pieprzu i ziela angielskiego
- 2 liście laurowe
- 1 marchewka
- 15 śliwek
- 1 łyżeczka kminku
- 1 łyżka wędzonej papryki
- 3 łyżki koncentratu pomidorowego
- 1 szkl. wytrawnego czerwonego wina
- 1 główka średniej kapusty

INSTRUKCJE:

a) Suszone grzyby namoczyć w wodzie na co najmniej godzinę.

b) W dużym garnku rozgrzewamy olej i podsmażamy posiekaną cebulę. Pieczarki oczyść i pokrój w plasterki, a gdy zaczną się rumienić na brzegach, dodaj je do cebuli. Kontynuuj smażenie z solą, zmielonym pieprzem, ziarnami pieprzu, zielem angielskim i liśćmi laurowymi.

c) Marchew należy obrać i rozdrobnić. Wrzucić do garnka.

d) Dodać pokrojone w ćwiartki śliwki, kminek, wędzoną paprykę, koncentrat pomidorowy i wino.

e) Kapustę należy pokroić w ćwiartki i plasterki. Wszystko razem wymieszaj w garnku.

f) Przykryj i gotuj kapustę, aż lekko zredukuje swoją objętość. Gotuj przez kolejne 10 minut lub do momentu, aż kapusta będzie miękka.

40. Kluski śląskie

SKŁADNIKI:

- 6 do 7 średnich ziemniaków, obranych
- 1 płaska łyżka soli
- 120 g skrobi ziemniaczanej, według potrzeby

INSTRUKCJE:

a) Ziemniaki gotujemy do miękkości w osolonej wodzie. Odcedź i rozgnieć tłuczkiem do ziemniaków na gładką masę. Aby ułożyć płaską warstwę ziemniaków na dnie patelni, dociśnij je rękami.

b) Za pomocą noża przekrój warstwę ziemniaków na cztery równe połówki. Usuń jeden składnik i równomiernie rozprowadź go wśród pozostałych trzech. Wykorzystana zostanie tylko jedna czwarta patelni.

c) Dodaj tyle mąki ziemniaczanej, aby wypełnić pustą ćwiartkę do tego samego poziomu co warstwa ziemniaków. Powłokę mączną należy wygładzić.

d) W dużym garnku zagotuj wodę.

e) Używając rąk, formuj małe kulki wielkości orzecha włoskiego. Lekko spłaszcz i kciukiem zrób dziurę w środku.

f) Do wrzącej wody wrzucamy kilka klusek, uważając, aby nie przepełnić patelni. Mieszaj drewnianą łyżką, aby nie przykleiły się do dna patelni i smaż, aż wypłyną na wierzch. Za pomocą łyżki cedzakowej wyjmij kurczaka i podawaj z sosem lub śmietaną.

41. ryżowe z jabłkami

SKŁADNIKI:

- 2 szklanki ryżu
- 4 szklanki mleka roślinnego
- 1/2 łyżeczki soli
- 4 kwaśne jabłka
- 1/4 łyżeczki mielonej gałki muszkatołowej
- 2 łyżki cukru
- 1/12 łyżeczki cynamonu
- 1 łyżeczka wanilii
- 2 łyżeczki + 2 łyżeczki masła kokosowego

INSTRUKCJE:

a) W średnim rondlu podgrzej mleko roślinne z solą. Dodaj umyty ryż i gotuj na małym ogniu, aż będzie gotowy.

b) Kontynuuj mieszanie ryżu. Zdrap go tylko wtedy, gdy przyklei się do dna. Kontynuuj delikatne mieszanie, aż ryż będzie gotowy.

c) Rozgrzej piekarnik do 350 stopni Fahrenheita (180 stopni Celsjusza).

d) Po obraniu i wydrążeniu gniazd, jabłka należy rozdrobnić w rozdrabniarce do warzyw. Gotuj, aż płyn odparuje na suchej patelni z gałką muszkatołową.

e) Do ugotowanego ryżu dodaj cukier, cynamon i wanilię. Wszystko dokładnie wymieszaj.

f) Nasmaruj patelnię o wymiarach 20 x 20 cm masłem kokosowym. Połowa ryżu powinna znaleźć się na dnie patelni, a następnie wszystkie jabłka i pozostały ryż. Na wierzchu układamy cienkie plasterki masła kokosowego.

g) Gotuj przez 20 minut. Podawać na ciepło lub schłodzone.

42.Czeski Makaron i Pierogi

SKŁADNIKI:
- 2 opakowania suchych drożdży
- 4 łyżeczki cukru
- 1 szklanka plus 2 łyżki ciepłego mleka roślinnego
- 1 funt mąki uniwersalnej
- 1 łyżeczka soli
- 3 łyżki roztopionego masła kokosowego

INSTRUKCJE:

a) W małej misce zrób biszkopt, rozpuszczając drożdże i cukier w mleku roślinnym i mieszając z 1/2 szklanki mąki.

b) Połącz pozostałą mąkę, sól i mieszaninę drożdży w dużej misce do mieszania. Mieszaj ręcznie lub maszynowo przez około 5 minut lub do momentu, aż pojawią się pęcherze i zacznie odchodzić od ścianek miski. Dokładnie wymieszaj z ostudzonym, roztopionym masłem kokosowym.

c) Odstawiamy do wyrośnięcia, aż podwoi swoją objętość. Wyłożyć na blat posypany mąką i zagnieść dodatkową mąką, jeżeli ciasto jest zbyt klejące. Wytnij 3-calowym nożem lub szkłem po dobiciu do grubości 1 cala. Skrawki można ponownie zwinąć i pociąć po raz drugi. Pozostawić do wyrośnięcia, aż podwoi swoją objętość.

d) W międzyczasie napełnij dwa duże garnki wodą w 3/4. Zawiąż worek z mąką lub inny niestrzępiący się materiał na wierzchu garnków sznurkiem rzeźniczym i zagotuj wodę. Włóż tyle pierogów, ile zmieści się w pojemniku.

e) Gotuj kluski na parze przez 15 minut z pokrywką na wierzchu rondla. Jeśli podczas gotowania na parze zostanie podniesiona pokrywka, kluski opadną.

f) Alternatywnie możesz ustawić na garnku sito przeciwbryzgowe, dodać tyle pierogów, ile zmieści się bez dotykania, a następnie przykryć odwróconą żaroodporną plastikową miską.

g) Odstawiamy kluski do ostygnięcia na metalowej kratce. Zamrażaj lub przechowuj pierogi w zamykanej na zamek torbie w lodówce.

43. Makaron acaroni z truskawkami

SKŁADNIKI:

- Makaron do wyboru
- 3 szklanki truskawek, świeżych lub mrożonych
- 1 szklanka zwykłego jogurtu roślinnego, śmietanki kokosowej lub greckiego jogurtu roślinnego
- cukier do smaku

INSTRUKCJE:

a) Postępuj zgodnie ze wskazówkami na opakowaniu, aby przygotować wybrany makaron.
b) Umyj i usuń łodygi z truskawek. Pokrój kilka truskawek i połóż je na wierzchu potrawy.
c) W blenderze wymieszaj pozostałe truskawki, śmietanę lub jogurt roślinny, cukier i ekstrakt waniliowy.
d) Jeśli chcesz, aby sos był bardziej chrupiący, rozgnieć truskawki widelcem lub wymieszaj je partiami, a ostatnie truskawki zmiksuj blenderem.
e) Ugotowany makaron polej sosem truskawkowym. Jest pyszne na ciepło i na zimno.

44. Czeskie gołąbki

SKŁADNIKI:
- 1 główka białej kapusty
- 120g kaszy gryczanej
- 3 łyżki masła kokosowego
- 2 łyżki oliwy z oliwek
- 1 cebula, posiekana
- 1 ząbek czosnku, posiekany
- 300 g grzybów, posiekanych
- 1 łyżka suszonego majeranku
- 2 kostki bulionu warzywnego
- sos sojowy do smaku
- sól i pieprz do smaku

INSTRUKCJE:
a) Zagotuj wodę w dużym czajniku. Przed włożeniem kapusty do garnka usuń rdzeń. Gdy zewnętrzne liście zmiękną, usuń je. Grubą część żeberek kapusty należy przyciąć. Usuń z równania.
b) W międzyczasie przygotować kaszę gryczaną zgodnie z instrukcją na opakowaniu. Odcedź i odłóż 1 łyżkę masła kokosowego.
c) Na patelni rozgrzewamy oliwę i podsmażamy cebulę i czosnek.
d) Na tej samej patelni rozpuść 1 łyżkę masła kokosowego i podsmaż grzyby. Wrzucić podsmażoną kaszę gryczaną i cebulę. Majeranek, sos sojowy, sól i pieprz do smaku. Dokładnie wymieszać.
e) Na dnie naczynia żaroodpornego ułóż drobne lub połamane liście kapusty. Na środek każdego liścia nałóż około 2 łyżek nadzienia.
f) Nałóż łodygę kapusty na farsz, a następnie załóż na nią boki kapusty. Z kapusty zrób paczkę, zwiń ją i załóż końce na siebie, aby ją uszczelnić. Każdą z nich ułóż w przygotowanym naczyniu żaroodpornym, łączeniem do dołu.
g) W misce miarowej o pojemności 500 ml rozpuść kostki rosołowe i polej nim gołąbki. Dodaj ostatnią część masła kokosowego. Przykryj resztą liści kapusty.
h) Gotuj na małym ogniu przez 30 do 40 minut.

45. Czeskie Knedle ze Śliwkami

SKŁADNIKI:
- 10 (350 g) ziemniaków ugotowanych, ostudzonych i obranych
- 1/2 szklanki mąki owsianej
- 1/4 szklanki sosu jabłkowego
- 12-14 lub 7-8 śliwek

INSTRUKCJE:
a) Ugotuj ziemniaki i odstaw je do ostygnięcia.
b) Jeśli używasz dużych śliwek, przekrój je na pół.
c) Używając praski do ziemniaków, przetrzyj ziemniaki.
d) Zagnieść ryż ziemniaczany, mąkę owsianą i mus jabłkowy, aż powstanie zwarte ciasto. (Będzie trochę lepkie.)
e) Ciasto rozwałkować na płaskiej powierzchni i pokroić na 12-14 okrągłych kawałków jednakowej wielkości.
f) Aby uzyskać małe kółka, rozwałkuj ciasto.
g) Zapieczętuj każde kółko, umieszczając śliwkę/połówkę śliwki na środku. Dobrze jest mieć mokre ręce, ponieważ ułatwi to uszczelnienie kolana.
h) W dużym garnku zagotuj wodę.
i) Zmniejsz ogień do niskiego poziomu i poczekaj, aż woda się zarumieni, a następnie dodaj 3-4 kolana do rondla.
j) Gotuj przez około 5 minut, gdy wypłyną na powierzchnię wody.

ZUPY

46. Tarator (zupa ogórkowa)

SKŁADNIKI:
- 1 ogórek
- 1 szklanka jogurtu
- Trochę koperku
- Kilka orzechów włoskich
- Sól, olej roślinny i woda

INSTRUKCJE:

a) Zetrzeć lub drobno posiekać ogórki i umieścić w dużej misce.
b) Dodać zmielone orzechy włoskie i drobno posiekany świeży koperek.
c) Wlać jogurt.
d) Stopniowo dodawaj wodę – gęstość zależy od smaku.
e) Na koniec dodaj olej roślinny.

47.Zupa ziemniaczana

SKŁADNIKI:
- 1 pasternak
- Grzyby (1-2 szklanki)
- 4-6 ziemniaków pokrojonych w kostkę
- 6 ząbków czosnku
- 6-8 szklanek wody
- 1 łyżka przyprawy korzeniowej selera
- 1/4 szklanki suszonych grzybów, posiekanych
- Około 1/2 szklanki posiekanego boczku
- 1/2 szklanki mąki
- 1/2 szklanki wody
- 1/4 szklanki majeranku
- Sól i pieprz do smaku
- 1 pęczek szczypiorku, posiekanego

INSTRUKCJE:
a) Pasternak, pieczarki i ziemniaki pokroić na małe kawałki.
b) Zetrzyj 6 ząbków czosnku i włóż je do garnka z wodą, posiekanym boczkiem, przyprawą z korzenia selera i suszonymi grzybami.
c) Po 45 minutach dodać zasmażkę z oleju słonecznikowego i mąki. Dopraw majerankiem, solą i pieprzem.
d) Gotuj zupę około 1,5 godziny.

48.Czeski gulasz (Skvělý Hovězí Guláš)

SKŁADNIKI:

- 4 łyżki oleju do smażenia
- 5 ząbków czosnku
- 1 łyżeczka mielonej słodkiej papryki
- 3 kawałki cebuli
- 1 łyżeczka majeranku
- 1 łyżeczka mielonej ostrej papryki
- 750 g wołowiny
- 1 łyżeczka mielonego kminku

INSTRUKCJE:

a) Rozgrzej olej w dużym garnku na średnim ogniu. Dodaj cebulę i czosnek.
b) Dodaj wołowinę i poczekaj, aż się zarumieni z zewnątrz.
c) Dodaj paprykę i mieszaj, aż mięso będzie przykryte.
d) Dodajemy mąkę i przecier pomidorowy, aż wchłonie sok, następnie dolewamy wodę, tak aby mięso trochę ją pokryło.
e) Mąkę dobrze wymieszaj, aby usunąć wszystkie grudki. Dodaj sól i pieprz.
f) Doprowadzić do wrzenia, następnie przykryć i gotować na małym ogniu przez około dwie godziny.
g) Sos będzie stopniowo gęstnieć, a mięso stanie się miękkie. Gdy wszystko będzie gotowe, podawaj.

49.Zupa Ogórkowa

SKŁADNIKI:
- 6 szklanek bulionu warzywnego
- 1 ½ szklanki startej marchewki
- ½ szklanki pokrojonego w kostkę selera
- 1 szklanka obranych świeżych ziemniaków, pokrojonych w kostkę
- 1 szklanka ogórków czosnkowych lub koperkowych, posiekanych
- Mąka według potrzeby (około ¼ szklanki)

INSTRUKCJE:

a) W dużym rondlu szybko zagotuj bulion, następnie zmniejsz ogień do minimum i gotuj na wolnym ogniu. Gotować 15 minut z marchewką, selerem i ziemniakami.

b) Gotuj na wolnym ogniu przez 30 minut lub do momentu, aż ziemniaki będą ugotowane, w razie potrzeby dodając ogórki kiszone. Jeśli chcesz gęstszą zupę, przygotuj pastę z równych części mąki i wody.

c) Powoli wlewać mleko, cały czas mieszając, aż zupa lekko zgęstnieje.

50.Barszcz

SKŁADNIKI:
- 2 pęczki buraków z zieleniną (około 8-9 średnich buraków)
- ½ szklanki posiekanej cebuli
- Kilogramowa puszka duszonych pomidorów
- 3 łyżki świeżego soku z cytryny
- ⅓ szklanki granulowanego słodzika

INSTRUKCJE:

a) Buraki wyszoruj i oczyść, ale skórkę zostaw. Dbaj o bezpieczeństwo zieleni. W dużym garnku wymieszaj buraki, cebulę i 3 litry wody.

b) Gotuj przez godzinę lub do momentu, aż buraki będą wyjątkowo miękkie. Wyjmij buraki z wody, ale NIE WYRZUCAJ WODY. Wyrzuć cebulę.

c) Buraki po drobno posiekaniu włóż z powrotem do wody. Przed dodaniem do wody warzywa należy umyć i posiekać. W misce miksującej połącz pomidory, sok z cytryny i słodzik. Gotuj przez 30 minut na średnim ogniu lub do momentu, aż warzywa będą miękkie.

d) Przed podaniem schłodzić co najmniej 2 godziny.

51. Truskawkowa / Jagodowa

SKŁADNIKI:

- 1 funt świeżych truskawek lub jagód, dobrze oczyszczonych
- 1 ¼ szklanki wody
- 3 łyżki granulowanego słodzika
- 1 łyżka świeżego soku z cytryny
- ½ szklanki śmietanki do kawy sojowej lub ryżowej
- Opcjonalnie: 2 szklanki ugotowanego, ostudzonego makaronu

INSTRUKCJE:

a) W średnim garnku połącz owoce z wodą i podgrzej do szybkiego wrzenia.

b) Zmniejsz ogień do małego, przykryj i gotuj przez 20 minut lub do momentu, aż owoce będą bardzo miękkie.

c) Zmiksuj blenderem na gładką masę. Przełóż puree z powrotem do garnka i dodaj cukier, sok z cytryny i śmietankę. Po wymieszaniu pozostawić na 5 minut na wolnym ogniu.

d) Przed podaniem zupę należy schłodzić co najmniej 2 godziny.

e) Zupę tę tradycyjnie podaje się samą lub z zimnym makaronem.

52. Kapuśniak

SKŁADNIKI:

- 2 łyżki margaryny
- 2 szklanki posiekanej zielonej kapusty
- ½ łyżeczki czarnego pieprzu
- 3 szklanki wody
- 2 szklanki obranych i pokrojonych w kostkę ziemniaków
- ½ szklanki posiekanego świeżego pomidora

INSTRUKCJE:

a) W garnku do zupy rozpuść margarynę.

b) Dodaj kapustę i pieprz i smaż przez około 7 minut lub do momentu, aż kapusta się zarumieni.

c) Wrzuć ziemniaki, pomidory i wodę; przykryć i gotować przez 20 minut lub do momentu, aż ziemniaki będą ugotowane.

53.Zupa warzywna

SKŁADNIKI:
- warzywa do zupy (2 marchewki, ½ korzenia selera, 1 por, świeża natka pietruszki)
- 1 szklanka (100 g) różyczek kalafiora
- ½ szklanki (50 g) ugotowanej kukurydzy
- sól i pieprz
- opcjonalnie: kostka bulionowa, cebula

INSTRUKCJE:
a) W dużym garnku zagotuj 2 litry (2 l) wody.
b) Pokrój marchewkę, korzeń selera i por w plasterki o grubości 1/4 cala (6 mm). Zmniejsz ogień do małego i do wrzącej wody dodaj pokrojone warzywa, różyczki kalafiora i kukurydzę.
c) Doprawiamy do smaku solą i pieprzem i gotujemy około 40 minut na średnim ogniu.
d) Udekorować pokrojonymi w kostkę różyczkami pietruszki.

54.Zupa pomidorowa

SKŁADNIKI:

- 2 kwarty (2 l) bulionu
- 2 łyżki kremu kokosowego
- 1 łyżka mąki
- 150 ml pasty pomidorowej
- sól i pieprz
- Koperek

INSTRUKCJE:

a) warzyw zupowych (2 marchewki, 12 cebul, 12 korzeni selera, 1 por, liczne łodygi pietruszki) odcedź i zachowaj płyn.

b) Krem kokosowy wymieszać z mąką, następnie dodać do bulionu wraz z koncentratem pomidorowym.

c) Doprowadzić do wrzenia na dużym ogniu, doprawić solą i pieprzem, udekorować koperkiem.

d) Aby zupa była bardziej sycąca, można dodać ryż lub makaron.

55. Zupa kiszona

SKŁADNIKI:
- 3 ziemniaki
- 1 kostka bulionowa
- 1 łyżka masła kokosowego
- 2 duże pikle, pokrojone w drobną kostkę
- 1 szklanka (250 ml) soku z marynat
- 2 łyżki kremu kokosowego
- 1 łyżka mąki
- sól
- Koperek

INSTRUKCJE:
a) Obierz i pokrój ziemniaki w półcalową (1,3 cm) kostkę, następnie ugotuj je z kostką bulionową i masłem kokosowym w 2 litrach (2 l) wody.
b) Po około 20 minutach, gdy ziemniaki zaczną mięknąć, dodać drobno pokrojone ogórki kiszone i sok z ogórków.
c) W osobnej misce połącz śmietankę kokosową z mąką, następnie stopniowo dodawaj 3 łyżki bulionu, który gotuje się na ogniu. Następnie ponownie włóż mieszaninę do zupy i ponownie zagotuj.
d) Dodaj sól i posiekany koperek do smaku (ale najpierw spróbuj zupy, aby upewnić się, że sok z marynat nie jest zbyt dominujący).
e) Zamiast ziemniaków można użyć ryżu. Gdy zupa będzie gotowa, pomiń krok 1 i dodaj 3 szklanki ugotowanego ryżu.

56. Żurek żytni

SKŁADNIKI:
- 2 kwarty (2 l) bulionu
- 2 szklanki kwaśnej mąki żytniej
- 2 łyżki mąki
- Sól
- 2 ząbki czosnku
- opcjonalnie: grzyby

INSTRUKCJE:
a) Warzywa do zupy (2 marchewki, 12 cebul, 1 seler, 1 por, liczne łodygi pietruszki) gotujemy w 2 litrach (2 l) wody na bulion. W razie potrzeby możesz dodać także trochę posiekanych grzybów.
b) Zupę przelać przez sitko, zachowując płyn, a gdy warzywa będą miękkie (około 40 minut), do bulionu dodać mieszankę urek i mąkę.
c) Można doprawić do smaku solą.
d) Do bulionu dodać czosnek, drobno starty lub pokrojony w kostkę.

57. Schłodzona zupa z buraków

SKŁADNIKI:

- 1 pęczek buraków
- 1 ogórek
- 3–5 rzodkiewek
- koperek
- szczypiorek
- 1 kwarta (1 l) zwykłego jogurtu roślinnego
- sól i pieprz
- cukier
- opcjonalnie: sok z cytryny

INSTRUKCJE:

a) Usuń buraki z pęczków, pokrój w drobną kostkę same łodygi i liście buraków i gotuj na wolnym ogniu przez około 40 minut w małej ilości wody, aż będą miękkie. Pozwól ostygnąć przed podaniem.

b) Ogórek, rzodkiew, koperek i szczypiorek należy drobno posiekać. Połącz te składniki, a także mieszankę buraków, z jogurtem roślinnym i dokładnie wymieszaj.

c) Do smaku doprawić solą, pieprzem, cukrem i sokiem z cytryny według uznania. Jeśli chcesz uzyskać gładszą konsystencję, zmiksuj lub zmiksuj zupę.

d) Podawać schłodzone z posiekanym koperkiem na wierzchu.

e) Zupę tę tradycyjnie przyrządza się wyłącznie z łodyg i liści buraka ćwikłowego. Można jednak użyć samych buraków. 1 funt ugotowanych buraków, drobno startych i połączonych z pozostałymi składnikami

58. Zupa owocowa

SKŁADNIKI:
- 1 łyżka mąki ziemniaczanej
- 1 szklanka (250 ml) bulionu, schłodzonego
- 3 jabłka
- 250 g śliwek lub wiśni
- ⅓–½ szklanki (75–115 g) cukru

INSTRUKCJE:
a) Aby uzyskać zawiesinę, należy wymieszać połowę zimnego bulionu z mąką.
b) Jabłka, śliwki lub wiśnie po obraniu zagotuj w 112 litrach (112 l) wody. Gdy owoce będą miękkie, zetrzyj je na drobnej tarce lub zmiksuj w blenderze z wodą i dopraw cukrem do smaku.
c) W misce wymieszaj mąkę i bulion.
d) Mieszaj bulion, aż wszystko zostanie odpowiednio wymieszane.
e) Do przygotowania tej zupy można użyć innych owoców. Śliwki, rabarbar, poziomki, maliny, jeżyny i wiśnie są używane w niektórych klasycznych czeskich zupach owocowych. Aby uzyskać łagodniejszy smak, można użyć mleka roślinnego lub śmietanki kokosowej wraz z cukrem.
f) W gorące letnie miesiące ta zupa w połączeniu z chodnikiem jest idealna.

59.Zupa ziemniaczana

SKŁADNIKI:

- 1½ kwarty (1½ l) bulionu warzywnego
- 2 cebule
- 2 pory
- 5 ząbków czosnku
- 3 łyżki oliwy z oliwek
- 4 ziemniaki
- zioła: liść laurowy, tymianek, szczypiorek
- sól i pieprz

INSTRUKCJE:

a) Drobno pokrój cebulę i por, następnie pokrój je w ćwierćcalowe (6 mm) pierścienie i podsmaż je na oliwie z oliwek z pokrojonymi w plasterki ząbkami czosnku.

b) Po oczyszczeniu, obraniu i oczyszczeniu ziemniaków pokrój je w kostkę.

c) Gdy cebula i por staną się średniobrązowe, dodaj ziemniaki, zioła, sól i pieprz. Mieszamy chwilę, po czym zalewamy bulionem i gotujemy około 30 minut na małym ogniu, aż ziemniaki będą miękkie.

d) Gdy zupa ostygnie, zmiksuj ją w blenderze na gładką masę. Dopraw solą i pieprzem do smaku.

60. Zupa cytrynowa

SKŁADNIKI:

- 2 kwarty (2 l) bulionu lub bulionu
- ½–1 szklanki (95–190 g) białego ryżu
- 2 cytryny
- sól i pieprz
- opcjonalnie: ½ szklanki śmietanki kokosowej

INSTRUKCJE:

a) Przygotuj bulion z 2 litrów (2 l) wody i zupy warzywnej lub bulionu (2 marchewki, 12 cebul, 1 seler, 1 por, dużo łodyg pietruszki).

b) Ugotuj ryż w samym bulionie lub bulionie, aż stanie się papkowaty, około 25 minut.

c) Obierz 1 cytrynę, pokrój ją w cienkie plasterki i wrzuć z odrobiną soli do gotującego się ryżu.

d) Kontynuuj mieszanie zupy, dodając pozostały sok z cytryny.

e) Gotujemy kilka minut na małym ogniu, doprawiamy solą i pieprzem do smaku.

61. Czeska Zupa Kalarepa

SKŁADNIKI:
- 1 kalarepa obrana, pokrojona w kostkę, użyj też liści (patrz instrukcja)
- 1 średnia cebula drobno posiekana
- 1 średnia marchewka obrana, pokrojona w kostkę
- 2 średnie ziemniaki obrane, pokrojone w kostkę
- Po 2 łyżki natki pietruszki i koperku, drobno posiekanych
- 1 l gorącego bulionu warzywnego (nieco ponad 4 szklanki)
- Po 1 łyżce oleju i masła
- Sól morska i pieprz do smaku
- 1 łyżka skrobi kukurydzianej plus 2 łyżki gorącej wody do zagęszczenia zupy (opcjonalnie, patrz Instrukcja).

INSTRUKCJE:
a) Obierz i grubo pokrój liście kalarepy, odrzucając łodygi. Kalarepę, marchewkę i ziemniaki pokroić w kostkę.
b) W dużym garnku rozgrzej 1 łyżkę oleju, następnie dodaj cebulę i smaż przez 3 minuty lub do momentu, aż zmięknie. Gotuj przez kilka minut, często mieszając, z resztą warzyw i pietruszką.
c) Dodać bulion warzywny, doprawić pieprzem, wymieszać, przykryć i doprowadzić do wrzenia, następnie zmniejszyć ogień na mały i gotować, okresowo mieszając, przez około 30 minut lub do momentu, aż warzywa będą miękkie.
d) Dodać posiekany koperek i dusić jeszcze 3 minuty. Można na tym etapie zagęścić zupę (choć nie jest to konieczne). Aby to zrobić, wymieszaj 2 łyżki gorącej wody ze skrobią kukurydzianą, następnie dodaj do zupy i gotuj przez 3 minuty.
e) Zdjąć z ognia, doprawić do smaku i przed podaniem dodać łyżkę masła.

62. zupa szparagowa

SKŁADNIKI:

- 450 g białych szparagów
- warzywa do zupy (2 marchewki, 1 por, ½ korzenia selera, świeża natka pietruszki)
- 2 łyżki masła kokosowego
- ¼ szklanki (30 g) mąki
- sól i cukier
- ½ szklanki (125 ml) śmietanki kokosowej

INSTRUKCJE:

a) Obierz szparagi ze skórką i oczyść szparagi. Ugotuj łodygi szparagów i składniki zupy do miękkości w garnku z 2 litrami (2 l) wody. Płyn z bulionu należy zachować.

b) Oddzielnie ugotuj główki szparagów w niewielkiej ilości wody.

c) Zmiażdż łodygi szparagów i drobno zetrzyj.

d) Połącz puree ze szparagów z bulionem.

e) Na patelni rozpuść masło kokosowe i dodaj mąkę, aby przygotować zasmażkę na małym ogniu. Podczas gotowania do zupy dodajemy ugotowane główki szparagów, sól i pieprz.

f) Podawać z grzankami i kleksem kremu kokosowego na koniec.

SAŁATKI I DODATKI

63. Bramborový Salat (sałatka ziemniaczana)

SKŁADNIKI:

- 4 duże ziemniaki, ugotowane i pokrojone w kostkę
- 1/2 szklanki majonezu
- 1 łyżka musztardy
- 1 cebula, drobno posiekana
- 2 pikle, drobno posiekane
- Sól i pieprz do smaku
- Posiekany świeży koperek do dekoracji

INSTRUKCJE:

a) W misce wymieszaj majonez i musztardę.
b) Dodajemy pokrojone w kostkę ziemniaki, posiekaną cebulę i pikle. Dobrze wymieszaj.
c) Dopraw solą i pieprzem do smaku.
d) Przed podaniem udekoruj posiekanym świeżym koperkiem.

64. Sałatka Pomidorowa Z Mozzarellą

SKŁADNIKI:
- 4 duże pomidory, pokrojone w plasterki
- 1 kulka świeżej mozzarelli, pokrojona w plasterki
- Świeże liście bazylii
- Oliwa z oliwek z pierwszego tłoczenia
- Ocet balsamiczny
- Sól i pieprz do smaku

INSTRUKCJE:
a) Na półmisku ułóż plasterki pomidora i mozzarelli.
b) Pomiędzy plasterki włóż liście świeżej bazylii.
c) Skropić oliwą i octem balsamicznym.
d) Doprawić solą i pieprzem. Natychmiast podawaj.

65.Okurkový Salat (Sałatka Ogórkowa)

SKŁADNIKI:
- 4 ogórki, pokrojone w cienkie plasterki
- 1 czerwona cebula, pokrojona w cienkie plasterki
- 1/2 szklanki kwaśnej śmietany
- 1 łyżka białego octu
- 1 łyżeczka cukru
- Sól i pieprz do smaku
- Posiekany świeży koperek do dekoracji

INSTRUKCJE:
a) W misce wymieszaj śmietanę, biały ocet i cukier.
b) Dodać pokrojone w plasterki ogórki i cebulę. Wrzucić do płaszcza.
c) Dopraw solą i pieprzem do smaku.
d) Przed podaniem udekoruj posiekanym świeżym koperkiem.

66.Houbový Salat (sałatka grzybowa)

SKŁADNIKI:
- 2 szklanki grzybów pokrojonych w plasterki
- 1 cebula, drobno posiekana
- 2 łyżki oleju roślinnego
- 1 łyżka białego octu winnego
- 1 łyżeczka musztardy Dijon
- Sól i pieprz do smaku
- Świeża natka pietruszki do dekoracji

INSTRUKCJE:

a) Podsmaż pokrojone w plasterki grzyby i posiekaną cebulę na oleju roślinnym, aż będą miękkie.
b) W misce wymieszaj biały ocet winny, musztardę Dijon, sól i pieprz.
c) Sosem polej pieczarki i cebulę. Wrzucić do połączenia.
d) Przed podaniem udekoruj świeżą natką pietruszki.

67.Knedlíky (czeskie knedle)

SKŁADNIKI:
- 4 szklanki czerstwego chleba pokrojonego w kostkę
- 1 szklanka mleka
- 2 jajka
- 1/4 szklanki mąki uniwersalnej
- 1 łyżeczka proszku do pieczenia
- Sól

INSTRUKCJE:

a) Namoczyć kostki chleba w mleku, aż zmiękną.

b) W misce wymieszaj namoczony chleb, jajka, mąkę, proszek do pieczenia i szczyptę soli.

c) Z mieszaniny uformuj cylindryczne kształty i gotuj na parze przez około 20-30 minut.

d) Pokrój i podawaj jako dodatek do sosu lub sosów.

68.Zelí (czeska kiszona kapusta)

SKŁADNIKI:
- 1 funt kiszonej kapusty
- 1 cebula, drobno posiekana
- 2 łyżki oleju roślinnego
- 1 łyżeczka nasion kminku
- 1 jabłko, obrane i starte
- 1 łyżka cukru
- Sól i pieprz do smaku

INSTRUKCJE:

a) Kapustę kiszoną opłucz pod zimną wodą i odcedź.

b) Na patelni podsmaż posiekaną cebulę na oleju roślinnym, aż będzie przezroczysta.

c) Dodać kapustę kiszoną, kminek, starte jabłko, cukier, sól i pieprz.

d) Gotuj na małym ogniu, od czasu do czasu mieszając, aż smaki się połączą.

69.Karp Z Sałatką Ziemniaczaną

SKŁADNIKI:
- 4 filety z karpia
- 1 szklanka mąki
- 2 jajka, ubite
- 1 szklanka bułki tartej
- olej do smażenia
- Sałatka ziemniaczana (sprawdź przepis Bramborový Salát)

INSTRUKCJE:

a) Filety z karpia chlebowego panierujemy w mące, maczamy w roztrzepanych jajkach i panierujemy w bułce tartej.

b) Smażyć na złoty kolor z obu stron.

c) Podawaj smażonego karpia z sałatką ziemniaczaną.

70.Špenátová Kase (Krem Szpinakowy)

SKŁADNIKI:
- 1 funt świeżego szpinaku, umytego i posiekanego
- 2 łyżki masła
- 2 łyżki mąki uniwersalnej
- 1 szklanka mleka
- Sól i gałka muszkatołowa do smaku

INSTRUKCJE:

a) Na patelni podsmaż posiekany szpinak na maśle.
b) Posyp szpinak mąką, mieszając, aby powstała zasmażka.
c) Stopniowo dodawaj mleko, ciągle mieszając, aby uniknąć grudek.
d) Gotuj, aż mieszanina zgęstnieje. Doprawić solą i gałką muszkatołową.

71. Sałatka z buraków (ćwikła)

SKŁADNIKI:
- 4 buraki
- 2 łyżki chrzanu
- 1 łyżeczka cukru
- ⅓ szklanki (80 ml) octu winnego
- pietruszka
- sól i pieprz

INSTRUKCJE:

a) Buraki oczyść i gotuj w wodzie przez około 30 minut lub do momentu, aż będą miękkie. Gdy ostygną, wyjmij je i obierz.

b) Używając średnich szczelin rusztu, zetrzyj buraki.

c) Z chrzanu, cukru, octu, pietruszki, soli i pieprzu zrobić sos, a następnie wymieszać widelcem z burakami.

d) Aby schłodzić, włóż do lodówki na około 2 godziny.

e) Zamiast chrzanu można użyć cebuli.

f) Na 1 łyżce oliwy z oliwek lekko podsmaż 1 pokrojoną w kostkę cebulę. Połącz oliwę z przyprawami, następnie dodaj sos i cebulę do buraków i wymieszaj.

72.B kiszona czerwona kapusta z malinami

SKŁADNIKI:
- 6 szklanek cienko pokrojonej czerwonej kapusty
- 225 g świeżych lub mrożonych malin
- 4 łyżki masła kokosowego
- 3 łyżki mąki uniwersalnej
- 6 jagód jałowca
- 1/4 łyżeczki mielonego ziela angielskiego
- 6-8 ziarenek pieprzu w całości
- 2 liście laurowe
- 2 łyżki octu
- 1 1/2 szklanki wody + kolejne 1/2 w razie potrzeby
- 1/2 szklanki wytrawnego czerwonego wina
- Sól i cukier do smaku

INSTRUKCJE:

a) Pokrój kapustę w cienkie plasterki (użyj robota kuchennego, aby uzyskać równy i cienki plaster).

b) W dużym rondlu rozpuścić masło kokosowe. Dodaj jagody jałowca, przyprawy, ziarna pieprzu i liście laurowe, podczas gdy masło kokosowe się topi. Gdy składniki się całkowicie rozpuszczą, dodajemy mąkę i mieszamy na gładką masę.

c) Dodać kapustę, maliny, ocet, czerwone wino, 1 1/2 szklanki wody i 1 łyżeczkę soli. Dokładnie wymieszaj, przykryj i gotuj na wolnym ogniu przez około 10 minut na średnim ogniu.

d) Posmakuj po wymieszaniu. Jeśli sos nie jest wystarczająco słodki, dodaj 1 łyżeczkę cukru i dopraw solą według uznania.

e) Gotuj przez kolejne 10-20 minut lub do momentu, aż smaki się połączą.

73. Sałatka z selera i pomarańczy

SKŁADNIKI:

- 1 duży korzeń selera
- 1 pomarańcza lub 2 mandarynki
- ⅓ szklanki (25 g) drobno posiekanych orzechów włoskich
- ½ szklanki (125 ml) śmietanki kokosowej
- sól
- opcjonalnie: ⅓ szklanki (25 g) rodzynek

INSTRUKCJE:

a) Używając średnich szczelin rusztu, zetrzyj korzeń selera.

b) Obierz pomarańcze lub mandarynki i pokrój je w ćwierćcalowe (6 mm) kawałki.

c) Seler, pomarańcze i orzechy włoskie wymieszaj widelcem, następnie dodaj śmietankę kokosową.

d) Doprawić do smaku szczyptą soli. Jeśli chcesz, możesz dodać rodzynki.

74. Sałatka warzywna

SKŁADNIKI:

- 5 gotowanych marchewek
- 2 ugotowane korzenie pietruszki
- 5 gotowanych ziemniaków (opcjonalnie)
- 1 mały, ugotowany korzeń selera (około 15 dag)
- 5 ogórków kiszonych
- 2 jabłka
- 1 mała puszka kukurydzy (opcjonalnie)
- 1 puszka zielonego groszku
- 1 łyżka musztardy
- sól, pieprz, natka pietruszki, koperek

INSTRUKCJE:

a) Opłucz i ugotuj warzywa bez obierania (każde z osobna); ostudzić i obrać.

b) Usuń rdzeń z jabłek i obierz je.

c) Warzywa, pikle i jabłka pokroić ostrym nożem na małe kwadraty. Cebulę należy posiekać, a groszek przecedzić. Doprawić solą i pieprzem.

d) Sałatkę posyp natką pietruszki i koperkiem. Pozostaw godzinę na przygotowanie.

e) Garnirunek

75. Słodko-kwaśna czerwona kapusta

SKŁADNIKI:
- 3 szklanki posiekanej czerwonej kapusty
- ½ szklanki obranego i posiekanego kwaśnego jabłka, takiego jak Granny Smith
- 2 szklanki wrzącej wody
- 1 łyżka koncentratu soku jabłkowego
- ½ łyżeczki zmielonego ziela angielskiego
- 4 łyżki octu

INSTRUKCJE:
a) W dużym garnku połącz wszystkie składniki.
b) Szybko zagotuj, następnie zmniejsz ogień do małego i gotuj, aż kapusta będzie miękka, około 20 minut.

DESERY

76. Jablečný Závin (strudel jabłkowy)

SKŁADNIKI:
- 4 duże jabłka, obrane i pokrojone w plasterki
- 1 szklanka cukru
- 1 łyżeczka cynamonu
- 1/2 szklanki rodzynek
- Arkusze ciasta filo
- Masło, stopione)
- Bułka tarta

INSTRUKCJE:
a) W misce wymieszaj jabłka, cukier, cynamon i rodzynki.
b) Połóż arkusze filo na czystej powierzchni, posmaruj roztopionym masłem.
c) Posyp arkusze bułką tartą, następnie dodaj mieszaninę jabłek.
d) Zwiń arkusze, zawijając krawędzie.
e) Posmaruj wierzch większą ilością roztopionego masła i piecz na złoty kolor.

77. Ciasto drożdżowe dyniowe

SKŁADNIKI:
- 1 szklanka musu dyniowego
- 2 ½ szklanki zwykłej mąki orkiszowej lub mąki pszennej tortowej
- ½ szklanki dowolnego mleka roślinnego
- 7 gramów suchych drożdży
- ½ szklanki cukru trzcinowego lub innego nierafinowanego cukru
- sok i skórka z 1 cytryny
- 1 łyżka płynnego oleju kokosowego
- 1 szklanka suszonej żurawiny

INSTRUKCJE:
a) W misce wymieszaj mąkę, drożdże, cukier i żurawinę.

b) W małym rondlu powoli podgrzej mus dyniowy, mleko roślinne, sok i skórkę z cytryny oraz olej kokosowy. Wlać mokre składniki do ciasta. Całość powinna zająć około 8 minut.

c) Formę do ciasta Bundt posypujemy cienką warstwą mąki i natłuszczamy. Włóż ciasto do formy, przykryj i odstaw do wyrośnięcia na 1 godzinę w ciepłe miejsce.

d) Rozgrzej piekarnik do 180°C/350°F i piecz przez 35 minut (aż drewniany patyczek będzie suchy).

78. Wafle

SKŁADNIKI:
- 5 dużych prostokątnych wafli
- ½ kg dżemu z czarnej porzeczki
- 3 szklanki gotowanej ciecierzycy (mniej więcej 1 szklanka suszonej)
- 1 puszka mleka roślinnego kokosowego
- 1 łyżeczka ekstraktu waniliowego
- 2 łyżki cukru trzcinowego
- 2 łyżki kakao
- 200 gramów gorzkiej czekolady (70% kakao)

INSTRUKCJE:

a) Otwórz puszkę mleka kokosowego i usuń białą stałą część. Doprowadzić do wrzenia w rondlu. Zdjąć z ognia i wymieszać z czekoladą, kakao, ekstraktem waniliowym i cukrem.

b) Mieszaj, aż wszystkie składniki się rozpuszczą. Całkowicie wymieszaj ciecierzycę.

c) Połóż arkusz wafla na kawałku drewna. Przykrywamy połową kremu i drugim waflem.

d) Posmaruj nim połowę dżemu. Powtórz tę czynność z pozostałymi arkuszami kremu, dżemu i wafli. Delikatnie naciśnij przycisk.

e) Odstawić na 4–5 godzin do lodówki.

f) Pokrój na małe kawałki.

79. Wakacyjna szarlotka

SKŁADNIKI:

- 3 szklanki mąki orkiszowej lub zwykłej pszennej
- 2 płaskie łyżki skrobi
- 2 płaskie łyżki nierafinowanego cukru pudru
- 50 gramów płynnego oleju kokosowego
- 15 łyżek zimnej wody
- 2 kg gotowanych jabłek
- 1 łyżeczka cynamonu
- 1 łyżeczka mielonego kardamonu
- 1 szklanka rodzynek
- 1 szklanka orzechów włoskich
- 1 szklanka bułki tartej

INSTRUKCJE:

a) Ostrożnie wymieszaj mąkę, skrobię, cukier puder i olej kokosowy. Dodawaj po łyżce wody, mieszając lub zagniatając ciasto po każdym dodaniu. Po wymieszaniu wszystkich składników ciasto zagniatamy aż będzie elastyczne i gładkie.

b) Ciasto podzielić na dwie równe połowy. Jeden z nich należy rozwałkować na blasze wyłożonej papierem do pieczenia o wymiarach 20 x 30 cm. Ciasto nakłuć kilka razy widelcem, ułożyć na naczyniu do zapiekania i wstawić do lodówki na 30 minut. Pozostałą porcję ciasta włóż do zamrażarki na 45 minut.

c) Wyjmij blachę z lodówki i piecz w temperaturze 190°C przez 15 minut. Pozwól sobie na relaks. W międzyczasie przygotuj jabłka.

d) Obierz jabłka i usuń gniazda nasienne. Za pomocą tarki lub krajalnicy mandoliny zetrzyj ser. W misce wymieszaj cynamon, rodzynki i grubo posiekane orzechy włoskie. Można dodać miodu, jeśli jabłka są zbyt kwaśne.

e) Na na wpół wypieczony spód równomiernie rozsypujemy bułkę tartą. Następnie jabłka należy posypać ciastem francuskim.

f) Połóż zamrożone ciasto na jabłkach i zetrzyj je. Rozgrzej piekarnik do 180°C/350°F i piecz przez 1 godzinę.

80. Piernikowe ciasteczka ziemniaczane

SKŁADNIKI:

- ½ kg obranych ziemniaków
- 5 łyżek płynnego oleju kokosowego
- ½ szklanki syropu daktylowego lub innego syropu
- 2 łyżeczki sody oczyszczonej
- 2 ½ szklanki zwykłej mąki orkiszowej lub zwykłej mąki pszennej
- ½ szklanki skrobi
- 4 łyżki przyprawy do piernika
- 1 łyżka kakao

INSTRUKCJE:

a) Ziemniaki gotujemy do miękkości, następnie ostudzamy i ugniatamy je praską do ziemniaków. W misce wymieszaj syrop daktylowy i olej kokosowy.

b) W osobnej misce wymieszaj mąkę, skrobię, sodę oczyszczoną i przyprawę do pierników. Po dodaniu płynów zagnieść ciasto.

c) Deskę lub matę cukierniczą oprósz mąką i rozwałkuj ciasto na grubość około 5 mm.

d) Za pomocą foremek do ciastek wycinaj różne kształty. Rozgrzej piekarnik do 170°C/325°F i piecz przez 10 minut. Pozostawić do ostygnięcia i udekorować według uznania.

81. Gulasz śliwkowy

SKŁADNIKI:
- 900 g) świeżych śliwek
- opcjonalnie: ¾ szklanki (170 g) cukru

INSTRUKCJE:
a) Opłucz śliwki i usuń pestki.
b) Śliwki zagotuj w niewielkiej ilości wody (tyle, aby je przykryć) i od czasu do czasu mieszaj.
c) Cukier można dodać po dwóch godzinach, aby uzyskać słodszy smak.
d) Gdy gulasz zgęstnieje i odparuje większość wody, przelać go do szklanych słoiczków i przechowywać w chłodnym miejscu.
e) Pod koniec gotowania dodaj gałkę muszkatołową, sok z cytryny lub cynamon, aby dodać smaku.

82. Marmolada

SKŁADNIKI:

- 900 g) świeżych owoców, np. jabłek, gruszek, moreli, wiśni i/lub truskawek
- 1¾ szklanki (395 g) cukru

INSTRUKCJE:

a) W zależności od rodzaju lub owoców, których używasz, oczyść je, obierz i wypestkuj.
b) Zagotuj w niewielkiej ilości wody (tyle, aby przykryła), od czasu do czasu mieszając.
c) Gdy owoce będą miękkie, zmiksuj je w blenderze lub zetrzyj na tarce o najmniejszych oczkach.
d) Gotuj na małym ogniu, aż masa zgęstnieje, ciągle mieszając.
e) Rozlać do szklanych słoików i przechowywać w lodówce.

83. Czeski Kisiel

SKŁADNIKI:
- 1 funt owoców (jabłka, śliwki, wiśnie itp.)
- 2 szklanki wody
- 2 łyżki cukru
- 2 łyżki skrobi ziemniaczanej

INSTRUKCJE:
a) Przejdź do kroku 5 jeśli masz już gotowy kompot.
b) Umyj i włóż owoce do garnka. Na przykład jabłka i gruszki należy pokroić na mniejsze kawałki.
c) Zacznij nalewać wodę.
d) Gotować około pół godziny na średnim ogniu. Dorzuć trochę słodyczy.
e) Wyjmij owoce z kompotu lub zostaw je w środku.
f) Pół szklanki kompotu ostudź lub poczekaj, aż wystygnie.
g) W garnku znajduje się kompot owocowy.
h) W misce wymieszaj skrobię ziemniaczaną i ZIMNY kompot.
i) W filiżance wymieszaj kompot i skrobię ziemniaczaną.
j) Wlać mieszaninę do pozostałego gorącego kompotu, który wciąż się gotuje.
k) W filiżance wlej mieszaninę skrobi do garnka z kompotem.

84. Czeski budyń waniliowy z kremem

SKŁADNIKI:
- ½ laski wanilii, można dodać ½ łyżki ekstraktu waniliowego
- 2 szklanki + 2 łyżki mleka roślinnego
- 5-7 łyżek cukru
- 3 łyżki mąki ziemniaczanej, można dodać z mąką kukurydzianą lub skrobią kukurydzianą
- 3-4 łyżeczki syropu malinowego do podania, opcjonalnie

INSTRUKCJE:

a) Przetnij wzdłuż połowę laski wanilii i nożem wyskrobuj ziarenka. Usuń z równania.

b) Zagotuj 1,5 szklanki (350 ml) mleka roślinnego, ziaren wanilii i cukru.

c) Mąkę ziemniaczaną wymieszać z pozostałym chłodnym mlekiem roślinnym. Szybko wymieszaj trzepaczką, aby we wrzącym mleku roślinnym nie utworzyły się grudki.

d) Doprowadzić do wrzenia, następnie gotować na wolnym ogniu, ciągle mieszając, przez około 1 minutę lub do momentu, aż krem zgęstnieje.

e) Po zdjęciu z ognia rozlewamy do pojedynczych kieliszków deserowych lub naczyń.

f) Dodaj kilka kropli syropu malinowego i natychmiast podawaj.

85.Czeska ryza C F udge

SKŁADNIKI:

- 1/2 szklanki cukru
- Puszki 2–14 uncji skondensowanego mleka roślinnego
- 1/3 szklanki masła kokosowego

INSTRUKCJE:

a) Połącz cukier i skondensowane mleko roślinne w średnim garnku. Gdy zacznie wrzeć, zmniejsz ogień do małego i kontynuuj delikatne i ciągłe mieszanie. Podczas mieszania należy zachować szczególną ostrożność.

b) Po 15–20 minutach gotowania doprowadź mieszaninę do temperatury 225–235°F. Zdejmij patelnię z ognia i dodaj masło kokosowe, ciągle mieszając przez 3 minuty.

c) Wlać ciasto do przygotowanej formy i całkowicie ostudzić przed włożeniem do lodówki na co najmniej 30 minut.

d) Zdjąć go z patelni i pokroić na kawałki. Owiń każdy z nich woskowanym papierem. Zawinięte porcje należy przechowywać w zakrytym pojemniku, aby zapobiec wysychaniu.

86.Czech Migdały w czekoladowych śliwkach

SKŁADNIKI:
- 24 śliwki bez pestek (suszone śliwki)
- 24 całe migdały, prażone
- 8 uncji półsłodkich kawałków czekolady
- pokruszone orzechy do dekoracji

INSTRUKCJE:

a) Rozgrzej piekarnik do 350°F i wyłóż blachę do pieczenia folią aluminiową lub woskowanym papierem.

b) Czekoladę podgrzewaj w kuchence mikrofalowej, aż całkowicie się rozpuści.

c) Kontynuuj mieszanie, aż czekolada będzie gładka, a następnie odstaw do lekkiego przestygnięcia i przygotuj śliwki.

d) Umieść migdał na środku każdej śliwki, po jednym na każdą śliwkę.

e) Każdą śliwkę zanurzamy w czekoladzie, całkowicie ją zatapiając.

f) Cukierki ułożyć na przygotowanej blasze i gdy czekolada jest jeszcze mokra, w razie potrzeby posypać wierzch pokruszonymi orzechami.

g) Po ułożeniu wszystkich śliwek na blasze do pieczenia, należy je schłodzić przez 30 minut, aby czekolada stwardniała przed podaniem.

h) Przechowywać w lodówce do jednego tygodnia w szczelnym pojemniku.

NAPOJE

87.Czeski poncz świąteczny

SKŁADNIKI:

- 1 ½ uncji susz (wódka z suszonymi owocami)
- ¾ uncji świeży sok z cytryny
- ¾ uncji syrop klonowy imbirowo-kardamonowy
- Kandyzowany imbir

INSTRUKCJE:

a) W shakerze wypełnionym lodem połącz wszystkie składniki i energicznie wstrząśnij. Przecedzić do szklanki z dużą kostką na wierzchu. Garnirunek.

b) Susz: Połącz posiekane 14 szklanek suszonych jabłek, suszonych gruszek, suszonych moreli i suszonych śliwek z butelką wódki o pojemności 750 ml w dużym słoiku lub innym hermetycznym pojemniku.

c) Przed odcedzeniem i przechowywaniem odczekaj 24 godziny, aż mieszanina zaparzy się.

d) Imbir-kardamon W blenderze połącz 14 uncji syropu klonowego (wagowo), 312 łyżek obranego, posiekanego imbiru, 10 strąków kardamonu i 12 szklanek ciepłej wody. Mieszaj przez 1 do 2 minut, następnie odcedź do słoika z drobnym sitkiem.

e) W lodówce wytrzyma od 2 do 3 tygodni.

88. Likier wiśniowy

SKŁADNIKI:
- 2,5 kg wiśni
- 2 kg cukru pudru
- 1L wódki
- 1L spirytusu rektyfikowanego

INSTRUKCJE:

a) W butli lub dużym szklanym słoju połącz wiśnie i konserwowane pestki, dodaj cukier i przykryj czystym kawałkiem muślinu. Odstawić na kilka dni w ciepłe miejsce.

b) Sok przecedź przez sito wyłożone muślinem. Wyjmij owoce z butli i odłóż je na bok.

c) Do rondla wlać sok i doprowadzić do wrzenia. Daj czas na ochłodzenie.

d) Usuń i wyrzuć pestki z wiśni. Wlać wódkę. Przykryj i przechowuj przez 2 tygodnie w ciemnym miejscu.

e) W butelce połącz schłodzony sok z rektyfikowanym spirytusem. Usuń z równania.

f) Wiśnie po 2 tygodniach odcedzić i połączyć wódkę z rektyfikowanym spirytusem. Napełnij czystymi butelkami winem, zakorkuj i odstaw na co najmniej 3 miesiące.

89. Grzana wódka

SKŁADNIKI:
- 350 g syropu klonowego
- 120 ml wody
- 2 laski wanilii przecięte wzdłuż
- 2 cienkie plasterki imbiru
- 1 łyżka mielonego cynamonu
- 1/2 łyżeczki zmielonych goździków
- 1 łyżeczka skórki z cytryny
- 1 łyżeczka skórki pomarańczowej
- 1/4 łyżeczki mielonej gałki muszkatołowej
- 750ml wódki

INSTRUKCJE:

a) W garnku połącz syrop klonowy, wodę, wanilię, przyprawy i skórkę cytrusową. Doprowadzić do wrzenia, następnie zmniejszyć ogień na mały ogień na 5 minut.

b) Dodać wódkę i stopniowo podgrzewać, ale nie gotować. Podawaj od razu w małych szklankach.

c) Jeśli wolisz, przecedź mieszaninę wcześniej przez drobne sitko.

90. Fioletowy likier śliwkowy

SKŁADNIKI:
- 1 kg dojrzałych fioletowych śliwek, bez pestek
- 1/2 litra czystego alkoholu rektyfikowanego
- 1/2 litra wódki
- 300 g cukru pudru

INSTRUKCJE:

a) Umieść śliwki w szklanej butli do zaparzania. Butlę napełnij do połowy spirytusem rektyfikowanym i wódką, zakorkuj i odstaw w ciemne miejsce na 5 tygodni.

b) Po 5 tygodniach dodać cukier i odstawić na kolejne 4 tygodnie.

c) Likier przecedź przez sito wyłożone muślinem; rozlać do butelek, zakorkować i przechowywać co najmniej 3 miesiące w ciemnym miejscu.

91. Piwo Jałowcowe

SKŁADNIKI:
- 2L wody
- 100 g jagód jałowca
- 200-250 g Syropu klonowego
- 1 łyżka chmielu
- 2g drożdży piwnych lub winnych

INSTRUKCJE:

a) W półlitrowym szklanym słoju rozetrzyj w moździerzu jagody jałowca i wymieszaj z wodą.

b) Za pomocą sita o drobnych oczkach przecedzić mieszaninę. Usuń ciała stałe i wyrzuć je.

c) Doprowadzić przecedzoną mieszaninę do wrzenia, następnie zdjąć z ognia i dodać syrop klonowy. Napełnij czysty półlitrowy słoik do połowy płynem.

d) W małym rondlu zagotuj 1/2 szklanki wody. Po dodaniu chmielu dusić przez 10 minut. Odcedź płyn i wlej do słoika.

e) Wymieszaj drożdże i przykryj słoik filtrem do kawy lub śluzą powietrzną, gdy płyn ostygnie do temperatury pokojowej.

92. Lemoniada rabarbarowa

SKŁADNIKI:
- 4 szklanki wody
- 1/2 szklanki syropu klonowego
- 1 funt rabarbaru (obrany, jeśli to konieczne, posiekany)
- 3 szklanki gorącej wody
- Kostki lodu
- Udekoruj: plasterki pomarańczy lub gałązki mięty

INSTRUKCJE:

a) Zagotuj w garnku 4 szklanki wody; zdejmij z ognia, wymieszaj z syropem klonowym i odstaw do ostygnięcia.

b) W robocie kuchennym zmiksuj posiekany rabarbar, aż zmieni się w miąższ.

c) W średnim misce zalej miąższ rabarbarowy trzema szklankami gorącej wody i przykryj.

d) Umieść sitko nad wodą z syropem klonowym w garnku. Za pomocą sitka odcedź miazgę rabarbarową do mieszaniny syropu klonowego i wody. Aby połączyć płyn rabarbarowy i wodę z syropu klonowego, wymieszaj je razem. Napełnij dzbanek do połowy wodą.

e) Koktajl przelej do czterech wysokich szklanek wypełnionych kostkami lodu.

f) Podawać z plasterkiem pomarańczy lub gałązką mięty jako dekorację.

93. Gorący Miód

SKŁADNIKI:
- 1/2 szklanki/120 ml syropu klonowego
- 1 szklanka/240 ml wody
- 3 do 4 goździków
- 6 lasek cynamonu
- 1 cała laska wanilii (około 7,5 cm długości)
- Jeden pasek skórki pomarańczowej o długości 2,5 cm
- 1/4 łyżeczki mielonej gałki muszkatołowej
- Wódka 16 uncji/480 ml

INSTRUKCJE:

a) W średnim rondlu zagotuj syrop klonowy i wodę, zeskrobując pianę z powierzchni.

b) Ponownie zagotuj garnek, usuń goździki, laskę cynamonu, laskę wanilii i skórkę pomarańczową. Pozostawić na 1 lub 2 minuty przed ponownym zagotowaniem.

c) Zdjąć z ognia, przykryć i pozostawić do zaparzenia na co najmniej 30 minut. Ponownie zagotuj po przecedzeniu przez sitko o drobnych oczkach lub zwykłe sitko z filtrem do kawy.

d) Do mieszanki dodaj wódkę. Dobrze wymieszaj i natychmiast podawaj.

94.Czeska kawa

SKŁADNIKI:
- 6 uncji gorącej parzonej kawy
- 3 uncje Dorda Likier Podwójnie Czekoladowy
- Bita śmietana do dekoracji

INSTRUKCJE:

a) W szklanym kubku połącz świeżo zaparzoną gorącą kawę z likierem Dorda Double Chocolate. Na koniec udekoruj kleksem świeżo ubitej śmietany.

b) W razie potrzeby udekoruj ziarenkami kakao, ziarnami espresso w czekoladzie lub wiórkami czekolady.

95.Chłodnik z cytryną i ogórkiem

SKŁADNIKI:
- Kruszony lód
- 1 mały ogórek Kirby
- ½ małej cytryny
- 2 łyżeczki cukru _ _
- 1/2 łyżeczki s _ _ świeżo startego imbiru
- Woda Seltzera
- Wódka Żubrówka Z Trawy Żubrowej

INSTRUKCJE:

a) Napełnij oba słoiki kruszonym lodem do 34% pojemności. Ogórek należy pokroić w cienkie krążki. Rozdziel mieszaninę pomiędzy dwa słoiki. Do każdego słoika dodaj 1 łyżeczkę cukru.

b) Do każdego z dwóch słoików wyciśnij połówkę cytryny. Aby użyć jako dekoracji, odetnij dwa kółka z pozostałej połowy cytryny.

c) Do każdego słoika wlej 1,5 uncji Żubrówki. Przed wlaniem napoju gazowanego dodaj do każdej filiżanki ćwierć łyżeczki imbiru. Napełnij szklankę do połowy wodą selcerską. Ciesz się z plasterkiem cytryny jako dekoracją!

96.Czeska gorąca czekolada

SKŁADNIKI:

- 2 szklanki mleka roślinnego
- 1 szklanka pół na pół
- 6 łyżek cukru
- ¼ szklanki czeskiego kakao lub innego dobrej jakości naturalnego kakao
- 3,5 uncji dobrej jakości gorzka czekolada

INSTRUKCJE:

a) W średnim rondelku ustawionym na średnim ogniu połącz wszystkie składniki (z wyjątkiem ciemnej czekolady) w średniej wielkości rondelku.

b) Doprowadzić do powolnego wrzenia, regularnie mieszając. Zmniejsz ogień na mały i gotuj przez 4 minuty, często mieszając. Aby uniknąć wykipienia, uważnie obserwuj sytuację.

c) Mieszaj ciemną czekoladę, aż całkowicie się rozpuści. Gotuj przez kolejną jedną do dwóch minut. Delikatnie wymieszaj składniki ze sobą.

97. wiśnia martini

SKŁADNIKI:

- 1 opakowanie 3,4 uncji budyniu błyskawicznego z francuską wanilią
- 4 szklanki mleka roślinnego, podzielone
- 1/2 łyżeczki mielonej gałki muszkatołowej
- OPCJONALNIE: rum, ekstrakt rumowy i bita śmietana

INSTRUKCJE:

a) Z 2 szklanek mleka roślinnego przygotuj budyń błyskawiczny zgodnie z instrukcją na opakowaniu.

b) Do mieszanki dodaj 2 szklanki mleka roślinnego i startą gałkę muszkatołową.

c) W razie potrzeby dodaj 2 łyżeczki ekstraktu rumowego.

98.Kuropatwa W Gruszy

SKŁADNIKI:
- 2 uncje nektaru gruszkowego
- 1 uncja whisky Crown Royal lub Rye
- 2 uncje piwa imbirowego lub do uzupełnienia szklanki
- lód
- Opcjonalnie gruszka do dekoracji

INSTRUKCJE:
a) W szklance napełnij lodem do 1/4 objętości.
b) Dodaj nektar gruszkowy i Crown Royal.
c) Dopełnij piwem imbirowym.
d) Dokładnie wymieszać.
e) Udekoruj dwoma cienko pokrojonymi plasterkami gruszki.

99. Czeski syrop truskawkowy

SKŁADNIKI:
- 2 1/2 funta truskawek, umytych i obranych
- 1-litrowa wódka dobrej jakości
- 2 szklanki cukru

INSTRUKCJE:

a) W dużym, wysterylizowanym szklanym pojemniku połącz truskawki z wódką. Zamknąć i przechowywać przez tydzień w ciemnym, chłodnym miejscu.

b) Po tygodniu wódkę przecedź przez sitko, zachowując truskawki i przelej do czystego, zdezynfekowanego szklanego pojemnika.

c) Wymieszaj cukier z truskawkami, następnie przenieś do czystego, wysterylizowanego szklanego pojemnika i zamknij. Przez 1 miesiąc przechowuj oba pojemniki w ciemnym, chłodnym miejscu.

d) Po 1 miesiącu masę truskawkową połączyć z wódką, odcedzić i przelać do czystego, wysterylizowanego szklanego pojemnika.

e) Zamknąć i przechowywać przez kilka miesięcy w chłodnym, ciemnym miejscu.

100. Czeska wódka ananasowa

SKŁADNIKI:

- 1 funt świeżych włóczni lub kawałków ananasa
- 1 litr wódki
- 1 1/4 szklanki cukru
- 1/4 szklanki wody

INSTRUKCJE:

a) Umieść ananasa w słoiku (słoikach) i napełnij wódką; przykryć i przechowywać w spiżarni przez 2 miesiące.

b) Odcedź i przefiltruj przez filtr do kawy lub durszlak wyłożony ręcznikiem papierowym.

c) Zrób syrop z cukru i wody; dodać do wódki ananasowej.

WNIOSEK

Mamy nadzieję, że na zakończenie naszej aromatycznej podróży przez „Aromat czeskiej kuchni" doświadczyłeś radości odkrywania zapachów i smaków, które definiują czeskie kuchnie. Każdy aromat na tych stronach jest celebracją pocieszających tradycji, ciepła i dziedzictwa kulinarnego, które sprawiają, że kuchnia czeska jest wyjątkowym i zachwycającym przeżyciem – świadectwem radości, która towarzyszy każdemu daniu.

Niezależnie od tego, czy delektowałeś się pikantnym aromatem gulaszu, rozkoszowałeś się słodyczą drożdżówek, czy też rozkoszowałeś się zapachem świeżo upieczonych ciast, ufamy, że te aromaty rozbudziły w Tobie uznanie dla różnorodnych i zachęcających zapachów czeskiej kuchni. Niech poza składnikami i technikami „Aromat kuchni czeskiej" stanie się źródłem inspiracji, nawiązania do tradycji kulturowych i celebracją radości, która towarzyszy każdemu aromatycznemu stworzeniu.

Niech ta książka będzie Twoim zaufanym towarzyszem w dalszym odkrywaniu świata kuchni czeskiej, prowadząc Cię przez różnorodne aromaty ukazujące bogactwo i zachęcające zapachy czeskich kuchni. Oto, jak delektować się zachwycającymi zapachami, odtwarzać tradycyjne aromaty i czerpać radość z każdego kęsa. Dobrou chuť! (Smacznego!)

www.ingramcontent.com/pod-product-compliance
Lightning Source LLC
Chambersburg PA
CBHW071900110526
44591CB00011B/1485